AF403909

ESQUISSE DE L'ORGANISATION

POLITIQUE ET ÉCONOMIQUE

DE LA

SOCIÉTÉ FUTURE

PAR

M. G. DE MOLINARI

Correspondant de l'Institut,
Rédacteur en chef du *Journal des Économistes.*

———

PARIS

GUILLAUMIN ET Cⁱᵉ

ÉDITEURS DU JOURNAL DES ÉCONOMISTES
RUE RICHELIEU, 14

—

1899

ESQUISSE DE L'ORGANISATION

POLITIQUE ET ÉCONOMIQUE

DE LA

SOCIÉTÉ FUTURE

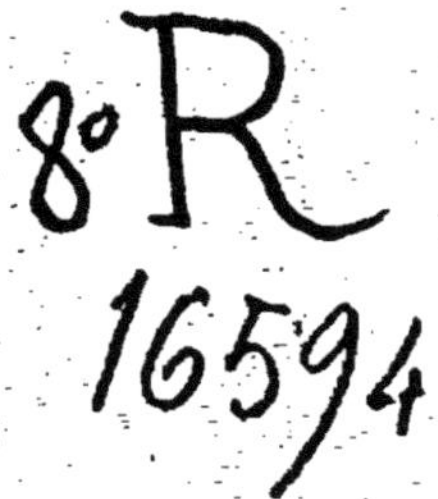
8° R
16594

DU MÊME AUTEUR

Études économiques. L'organisation de la liberté industrielle et l'abolition de l'esclavage. 1 vol. in-18. 1846, Paris, Capelle.. 2 fr. »

Les Soirées de la rue Saint-Lazare. Entretiens sur les lois économiques et défense de la propriété. 1 vol. gr. in-18. 1849, Paris, Guillaumin et Cⁱᵉ................................ 3 fr. 50

Questions d'économie politique et de droit public. 2 vol. 1861, A. Lacroix, Verboeckhoven et Cⁱᵉ. Paris, Guillaumin et Cⁱᵉ. 10 fr. —»

Cours d'économie politique fait au musée royal de l'industrie belge, 2ᵉ édition. 2 vol. in-8°. 1863, Bruxelles, mêmes éditeurs. 12 fr. »

Les clubs rouges pendant le siège de Paris. 1 vol. gr. in-18. 1871, Paris, Garnier frères.................... 3 fr. 50

La République tempérée. Brochure in-8°. 1873, mêmes éditeurs.. 2 fr. »

Lettres sur les États-Unis et le Canada, adressées au *Journal des Débats,* à l'occasion de l'exposition universelle de Philadelphie. 1 vol. gr. in-18. 1876, Paris, Hachette et Cⁱᵉ............... 3 fr. 50

Lettres sur la Russie, 2ᵉ édition. 1 vol. gr. in-18. 1877, Paris, Dentu.. 3 fr. 50

L'Évolution économique du XIXᵉ siècle. Théorie du progrès. 1 vol. in-8°. 1880, Paris, C. Reinwald............... 6 fr. »

L'Irlande, le Canada, Jersey. Lettres adressées au *Journal des Débats.* 1 vol. gr. in-18. 1881, Dentu......... 3 fr. 50

L'Évolution politique et la Révolution. 1 vol. in-8°. 1884, Paris, C. Reinwald................................ 7 fr. 50

Au Canada et aux montagnes rocheuses. En Russie. En Corse. A l'Exposition universelle d'Anvers. 1 vol. gr. in-18. 1886, C. Reinwald.......................... 3 fr. 50

Conversations sur le commerce des grains et la protection de l'agriculture. Nouvelle édition. 1 vol. gr. in-18. 1886, Paris, Guillaumin et Cⁱᵉ............................. 3 fr. »

A Panama. L'isthme de Panama, La Martinique, Haïti. 1 vol. gr. in-18. 1887, mêmes éditeurs................. 2 fr. »

Les Lois naturelles de l'économie politique. 1 vol. gr. in-18. 1887, mêmes éditeurs.................... 3 fr. 50

La Morale économique. 1 vol. in-8°. 1888, mêmes éditeurs. 7 fr. 50

Notions fondamentales d'économie politique et Programme économique. 1 vol. in-8°. 1891, mêmes éditeurs........ 7 fr. 50

Religion. 1 vol. gr. in-18, 2ᵉ édition. 1892, mêmes éditeurs. 3 fr. 50

Précis d'économie politique et de morale. 1 vol. gr. in-18. 1892, mêmes éditeurs........................ 3 fr. 50

Les Bourses du travail. 1 v. in-18. 1893, mêmes éditeurs. 3 fr. 50

Science et Religion. 1 vol. gr. 18. 1894, mêmes éditeurs. 3 fr. 50

Comment se résoudra la question sociale. 1 vol. gr. in-18. 1896, mêmes éditeurs........................... 3 fr. 50

La Viticulture. 1 v. gr. in-18. 1897, mêmes éditeurs...... 3 fr. 50

Grandeur et Décadence de la guerre. 1 vol. gr. in-18. 1898, mêmes éditeurs............................. 3 fr. 50

SAINT-DENIS. — IMP. H. BOUILLANT, 20, RUE DE PARIS.

ESQUISSE DE L'ORGANISATION

POLITIQUE ET ÉCONOMIQUE

DE LA

SOCIÉTÉ FUTURE

PAR

M. G. DE MOLINARI

Correspondant de l'Institut,
Rédacteur en chef du *Journal des Économistes*

BIBLIOTHÈQUE NATIONALE R. F. IMPRIMÉS

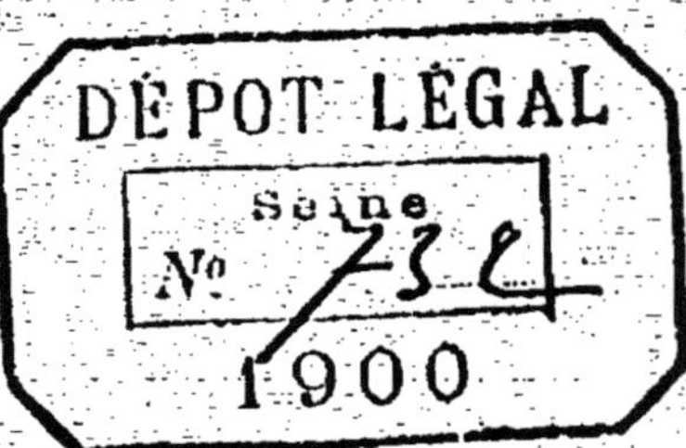
DÉPOT LÉGAL
Seine
N° 732
1900

PARIS

GUILLAUMIN ET Cⁱᵉ

ÉDITEURS DU JOURNAL DES ÉCONOMISTES
RUE RICHELIEU, 14

1899

INTRODUCTION

LES LOIS NATURELLES

« S'il existe, dit Condorcet, une science de prévoir les progrès de l'espèce humaine, de les diriger, de les accélérer, l'histoire de ceux qu'elle a faits doit en être la base première [1] ». Seulement, il faut aller plus loin, il faut remonter aux causes des progrès que l'espèce humaine a réalisés depuis son apparition sur la terre, et de ceux qu'elle est appelée à réaliser encore, il faut connaître l'homme, les lois qui déterminent et gouvernent son acti-

[1] Condorcet. *Esquisse d'un tableau historique des progrès de l'esprit humain.* P. 17.

vité, la nature et les circonstances du milieu où il a été jeté pour accomplir une œuvre dont le but lui échappe.

I. — LE MOBILE DE L'ACTIVITÉ DE L'HOMME

L'homme est un organisme composé de matière et de forces vitales, forces physiques, intellectuelles et morales. Cette matière et ces forces constitutives de l'individu et de l'espèce ne peuvent se conserver et se développer qu'à la condition de s'assimiler ou, pour nous servir de l'expression économique, de consommer des matériaux et des forces de même nature, sinon elles dépérissent et leur vitalité finit par s'éteindre. Ce dépérissement et cette extinction de vitalité déterminent une peine, une souffrance. Sous l'excitation de cette peine ou de cette souffrance, l'homme agit pour acquérir les matériaux nécessaires à la conservation et au développement de sa vitalité. Ces matériaux, il les trouve dans le milieu ambiant, mais, à part un petit nombre que la nature lui fournit gratis, il est obligé de les découvrir, de s'en emparer et de les adapter à sa consommation, ou, pour employer encore l'expression économique, il est obligé de les produire.

L'homme subit une autre nécessité, inhérente au milieu où il vit : il est obligé de défendre sa vie et les matériaux de sa vitalité contre de nombreux agents de destruction ou de rapine. Les risques de destruction auxquels il est exposé de ce chef sont pour lui une autre source de souffrance ou de peine.

A cette double nécessité : l'alimentation et la défense de sa vitalité, l'homme pourvoit par le travail, — travail de production des choses nécessaires à sa consommation, travail de destruction des agents ou des éléments qui menacent sa sécurité. Or, le travail implique une dépense des forces constitutives de la vitalité, partant une peine, une souffrance. En revanche, la consommation des produits qui alimentent la vie et des services qui l'assurent procure une jouissance, un plaisir. Mais, soit qu'il s'agisse de l'alimentation ou de la sécurité, cette jouissance est achetée par une peine. C'est un échange, et, comme tout échange, celui-ci peut se solder par un profit ou par une perte. Il se solde par un profit lorsque la somme de vitalité acquise ou assurée est supérieure à la somme des forces vitales dépensées dans le travail et qui constituent les frais de production du produit ou du service. Il se solde par une perte lorsque la dépense excède la recette. Cela étant, l'homme n'est excité à travailler qu'autant qu'il estime que la recette sera supérieure à la dépense, que le plaisir dépassera la peine, et cette excitation est d'autant plus vive que la différence est plus grande, le profit plus élevé. C'est l'acquisition de ce profit qui est, en dernière analyse, le mobile de l'activité de l'homme comme de toutes les autres créatures, et c'est à ce mobile que l'on a donné le nom d'*intérêt*[1].

[1] L'intérêt, dans son acception économique, ne doit pas être confondu avec l'égoïsme, et encore moins avec la satisfaction des besoins purement matériels de l'individu. Il vise l'ensemble des besoins matériels et moraux de la nature humaine. L'homme ne s'impose pas seulement la peine qu'implique le travail ou la privation de la consommation des fruits du travail, en vue de la satisfaction actuelle ou future de ses besoins égoïstes; il travaille encore et s'impose des privations pour satisfaire ses besoins altruistes, souvent plus vifs que ses besoins égoïstes. Tels sont ceux qui dérivent de l'amour de sa famille et de ses semblables, de la vérité et de la justice, bref, de l'ensemble de ses sentiments moraux, et qui le poussent à s'imposer les sacrifices les plus durs, y compris le sacrifice de sa vie, pour des êtres qu'il aime, ou bien encore des causes et des idées qui lui sont chères. On oppose trop souvent l'intérêt et le devoir. Cette opposition n'est nullement fondée. Qu'est-ce, en effet, que le devoir? C'est l'obligation d'agir d'une manière conforme à la justice, laquelle a pour critérium l'intérêt général et permanent de l'espèce. Or, cette obligation, l'homme est naturellement excité à la remplir par un sentiment inné en lui : le sentiment du juste, ou, de son autre nom, le sens moral. Seulement, ce sentiment est très inégalement distribué parmi les hommes. Ceux qui le possèdent au plus haut degré éprouvent à le satisfaire une jouissance supérieure à n'importe quelle peine, et ils pratiquent quand même, en toutes circonstances, le devoir. Ceux qui possèdent ce sentiment à un moindre degré, n'obéissent pas toujours à l'obligation qu'il impose, mais chaque manquement leur fait éprouver cette sorte de peine qui porte le nom de remords. Enfin, chez un grand nombre, le sentiment de la justice, le sens moral, n'existe qu'à l'état embryonnaire; ils commettent, pour satisfaire leurs passions ou leurs vices, toute sorte d'actes

II. — LA LOI NATURELLE DE L'ÉCONOMIE DES FORCES OU DU MOINDRE EFFORT

De ce mobile qui a sa racine dans la nature de l'homme et dans les conditions de son existence, dérive une première loi naturelle, la loi de l'économie des forces ou du moindre effort. Sous l'excitation du mobile de l'intérêt, l'homme pourvoit d'abord à ses besoins les plus intenses, à ceux qui demandent satisfaction avec le plus d'énergie, ou dont la non satisfaction cause la souffrance la plus grande ;

injustes ou immoraux, par conséquent nuisibles à la société dont ils sont membres et, subsidiairement, à l'espèce. Cette obligation qu'ils sont incapables de s'imposer à eux-mêmes, la société la leur impose, dans son intérêt, et elle la sanctionne par des pénalités assez fortes pour que la peine dépasse la jouissance provenant de l'acte contraire à la justice.

Que résulte-t-il de là ? C'est qu'il importe, par dessus tout, de développer parmi les hommes le sentiment de la justice, le sens moral, comme aussi de les éclairer sur ce qui est juste ou injuste, moral ou immoral, par conséquent conforme ou contraire à l'intérêt de la société et de l'espèce, dont l'intérêt de l'individu est une partie intégrante.

(Voir, à ce sujet, *la Morale économique*, livre 1er. La morale dans ses rapports avec l'économie politique. Voir aussi *Religion*, chap. XII. La religion et la science).

il cherche ensuite à diminuer sa dépense en choisissant l'industrie qui lui procure le profit le plus élevé, en s'appliquant à découvrir les procédés et à créer des instruments qui rendent son travail plus productif, c'est-à-dire qui augmentent l'excédent des matériaux acquis ou assurés sur la somme des forces vitales dépensées, et finalement toujours, l'excédent du plaisir sur la peine.

Cet excédent de recette sur la dépense, ce profit, l'individu peut le consommer immédiatement pour se procurer des jouissances actuelles, ou le conserver, le capitaliser pour augmenter son pouvoir de production, ou simplement pour subvenir à des besoins futurs, s'épargner ainsi des privations ou pourvoir à des risques destructifs de sa vitalité. Ceux qui lui donnent l'emploi le plus utile, c'est-à-dire le plus propre à conserver et à augmenter leurs forces vitales, deviennent les plus forts, et ils l'emportent, lorsqu'ils se trouvent en lutte avec d'autres individus de même espèce ou d'espèces différentes pour l'acquisition des matériaux de la vie.

III. — LA LOI NATURELLE DE LA CONCURRENCE VITALE

1° *La concurrence animale.* —Cette lutte pour l'acquisition des matériaux de la vie à laquelle on a donné le nom de concurrence vitale s'engage aussitôt que ces matériaux deviennent insuffisants pour alimenter les moins forts aussi bien que les plus forts. Dans les temps primitifs, lorsque l'homme, encore incapable de multiplier ses subsistances, était réduit à celles que lui offrait la nature, lorsqu'il vivait de la chasse et de la récolte des produits naturels du sol, ce déficit ne devait pas tarder à apparaître. Alors, les plus forts, les plus capables d'atteindre le gibier et de s'emparer des végétaux alimentaires, devaient l'emporter et subsister, tandis que les plus faibles, les moins capables, étaient condamnés à périr,

C'était la forme initiale de la concurrence, celle qui est commune à l'homme et aux espèces inférieures et que nous avons désignée sous le nom de *concurrence animale*.

2° *La concurrence destructive ou guerrière.* — Cependant, à mesure que les subsistances devenaient plus rares, les plus forts eux-mêmes étaient obligés d'augmenter leur dépense de travail, partant la somme de leur peine, pour en acquérir la même quantité. Ils étaient doncexcités à chercher le moyen de réduire la somme croissante de travail et de peine que leur causait cette raréfaction progressive. Ce moyen ne pouvait consister que dans l'augmentation de la quantité des subsistances ou dans la diminution du nombre des concurrents à l'alimentation. Or, la multiplication des subsistances exigeait des connaissances que les variétés les plus intelligentes de l'espèce ne pouvaient acquérir qu'à la longue, et qu'un bon nombre de tribus, demeurées à l'état sauvage, ne possèdent pas encore. Les plus forts pouvaient,

a.

au contraire, découvrir par un calcul fort
simple l'avantage que leur présentait le
second procédé et se débarrasser ainsi, grâce
à leur supériorité physique, de leurs concurrents plus faibles. On peut conjecturer même
que l'invention de ce procédé élémentaire fut
la première manifestation de la supériorité
intellectuelle de l'homme sur les autres
espèces, incapables du calcul que cette invention implique.

A la vérité, la suppression des concurrents
à la subsistance exigeait une certaine dépense
de travail et comportait un certain risque.
Mais, entre des concurrents de forces inégales,
— et cette inégalité est grande entre les
différentes variétés de l'espèce humaine —
la victoire n'exige qu'une faible dépense et
ne comporte qu'un faible risque. Les plus
forts trouvaient donc profit à supprimer les
plus faibles, même quand ils ne se nourris-
saient pas de leur chair, plutôt que de continuer
à partager avec eux un stock limité de subsis-

tances. En d'autres termes, la somme de travail et de peine que leur coûtait la destruction des plus faibles était inférieure à celle que leur aurait coûtée la raréfaction des subsistances s'ils les avaient laissés subsister. La différence constituait le profit de l'opération. Dans le cas de l'anthropophagie, le profit était double, la quantité des subsistances se trouvant augmentée et le nombre des concurrents à l'alimentation diminué.

Cette seconde forme de la concurrence n'est autre que la guerre : elle s'est produite, selon toute apparence, d'abord entre les hommes et les animaux concurrents pour l'acquisition des matériaux alimentaires, ensuite entre les hommes eux-mêmes, et elle n'a pas cessé de subsister. Elle a suscité la création d'un outillage de destruction qui a assuré l'existence de l'espèce humaine en lui donnant la victoire sur les espèces concurrentes, mieux pourvues d'armes naturelles, et déterminé, au moins d'une manière indirecte, l'invention des industries qui ont permis à l'homme de multiplier ses moyens de subsistance au lieu d'être réduit, comme les animaux, à ceux que lui offrait la nature [1]. Alors, les plus forts ont trouvé profit à asservir les plus faibles au lieu de les massacrer et de les dépouiller ou même de les dévorer, les États politiques se sont fondés, et la concurrence sous forme de guerre s'est exercée, d'une part, entre les sociétés propriétaires des territoires et des populations asservies, et les hordes demeurées à l'état sauvage qui continuaient à vivre de chasse et de pillage ; d'une autre part, entre ces sociétés mêmes, en vue d'augmenter leurs moyens de subsistance par l'extension de leur domaine et l'accroissement du nombre de leurs esclaves, de leurs serfs ou de leurs sujets. Tels sont encore de nos jours les deux objectifs principaux de la guerre : la défense des États et leur agrandissement.

[1] Voir les *Notions fondamentales de l'Économie politique.* Introduction, p. 5.

Sous l'impulsion directe ou indirecte de cette seconde forme de la concurrence, des progrès ont été réalisés, qui ont donné naissance à une troisième : la concurrence productive ou industrielle. Rappelons brièvement comment elle a procédé. Continuellement menacées de destruction, ou, tout au moins, de dépossession, les sociétés fondatrices et propriétaires des États politiques ont dû s'appliquer à perfectionner les instruments et à augmenter les matériaux de leur puissance. Ces instruments et ces matériaux étaient de deux sortes. Ils consistaient, en premier lieu, dans un appareil de destruction, une armée; en second lieu, dans un appareil de production, capable à la fois de pourvoir à la subsistance des membres de la société propriétaire de l'État et de ses sujets, et de fournir les avances nécessaires à la constitution et à la mise en œuvre de l'appareil de la destruction. Sous la pression de la concurrence guerrière, — et d'autant plus que cette pression était plus vive, — les sociétés propriétaires d'États ont donc été excitées non-seulement à perfectionner l'art et le matériel de la guerre, mais encore à augmenter la production des industries qui leur fournissaient, avec leurs moyens de subsistance, les ressources nécessaires à la défense et à l'agrandissement de leurs établissements. Or, les progrès qui augmentent la productivité de toute industrie sont subordonnés à deux conditions : la sécurité et la liberté. Il faut que le producteur soit assuré de consommer lui-même, dans quelque mesure, les fruits du progrès qu'il réalise, sinon il n'aura aucun intérêt à s'imposer la peine qu'implique la découverte des procédés ou l'invention des outils et des machines qui rendent le travail plus productif. Il faut encore qu'il soit libre de s'appliquer à l'industrie, à laquelle ses facultés le rendent le plus apte et qu'il puisse disposer des produits de son travail de la manière la plus conforme à son intérêt. Les États au sein desquels les populations vouées aux travaux de la production ont acquis dans la plus large mesure la sécurité et la liberté, ont vu s'accroître au plus haut point leur puissance. Ils sont devenus les plus forts, et en étendant successivement le domaine de la sécurité et de la liberté ils ont suscité et développé la troisième forme de la concurrence : la concurrence productive ou industrielle, destinée à remplacer la seconde, comme celle-ci à remplacé la première.

3° *La concurrence productive ou industrielle.* — Comme la précédente, la concurrence productive donne la victoire au plus fort, au plus capable, à l'avantage de l'espèce. Mais ces deux formes de la lutte pour la vie procèdent d'une manière différente quoique leur objectif soit le même.

La concurrence destructive ou guerrière procède par une lutte directe. Deux tribus faméliques entrent en concurrence pour la possession d'un gisement de végétaux

alimentaires ou d'un terrain de chasse. La
plus forte refoule ou extermine la plus faible
et s'empare des moyens de subsistance qui
font l'objet de la lutte. Plus tard, lorsque
l'homme eut appris à multiplier les matériaux
nécessaires à l'entretien de sa vie, les « sociétés » d'hommes forts qui ont fondé les entreprises d'exploitation désignées sous le nom
d'États politiques, luttent pour s'emparer d'un
territoire et en assujettir la population, mais
elles ont le même objectif que les tribus
primitives : elles veulent se procurer des
moyens de subsistance, en s'appropriant, par
la corvée ou l'impôt, de tout ou partie du
produit net du travail de leurs esclaves, de
leurs serfs ou de leurs sujets. Cette lutte
prend alors le nom de concurrence politique,
mais elle ne diffère point, par ses procédés,
de celle à laquelle se livraient les tribus de
chasseurs et de guerriers. L'une et l'autre
procèdent par voie de destruction directe du
concurrent, et elles appartiennent à la caté-

gorie de la concurrence destructive ou de la guerre.

La concurrence productive a un autre processus, tout en aboutissant de même à la victoire du plus fort ou du plus capable. Mais si le plus fort l'emporte, ce n'est pas lui qui juge et décide de la victoire, c'est un tiers, le consommateur du produit, ou du service offert par les concurrents. Après avoir porté son jugement sur les offres qui lui sont faites, le consommateur donne la préférence à celui des concurrents qui, en échange d'une quantité donnée de produits ou de services, ou de la monnaie qui en est l'équivalent, lui offre la quantité la plus grande, ou, à quantité égale, la qualité la meilleure du produit ou du service dont il a besoin et qu'il demande; en d'autres termes, il donne la préférence au meilleur marché. Mais quel est celui des concurrents qui peut offrir ses produits ou ses services au meilleur marché? c'est celui dont la puissance productive est supérieure à celle des autres, le plus fort ou le plus capable.

Cela étant, quel est l'effet de la concurrence sous sa forme productive?

C'est d'exciter les concurrents à augmenter leur puissance ou leur capacité de production, sous peine de ne pouvoir obtenir en échange des produits ou des services qu'ils créent et qu'ils offrent, ceux dont ils ont besoin pour subsister et qu'ils demandent.

L'augmentation de la puissance ou de la capacité de production s'opère par l'extension de la division du travail, l'invention et la mise en œuvre de procédés, d'outils et de machines qui permettent de créer une quantité de plus en plus grande de produits et de services en échange de la même somme de travail et de peine.

La concurrence productive agit donc comme un coopérateur de la loi de l'économie des forces pour déterminer le progrès de la production. Elle est un *propulseur*.

Mais elle remplit encore une autre fonction non moins utile. Elle agit pour mettre en équilibre au niveau des frais nécessaires de la création des produits et des services, la production et la consommation. Elle est un *régulateur.*

Cet office, elle le remplit avec la coopétion d'une autre loi naturelle, la loi de la valeur.

IV. — LA LOI NATURELLE DE LA VALEUR

Qu'est-ce que la valeur? C'est un pouvoir qui a sa source dans l'homme lui-même. Elle réside dans l'ensemble des forces vitales, physiques et morales dont il est pourvu, et qu'il applique soit à la destruction, soit à la production. Appliquée à la destruction, elle constitue la valeur militaire ou guerrière, et elle a été la plus utile à l'espèce, partant la plus estimée, aussi longtemps que la guerre a été nécessaire à l'établissement de la sécurité dans le monde [1]. Mais c'est dans son application à la production qu'apparaît sa participation à l'office régulateur de la concurrence. Comment la production s'opère-t-elle? Par un travail impliquant une dépense de forces vitales, partant une peine Qu'est-ce qui excite l'homme à faire cette dépense? C'est la perspective d'obtenir un produit qui lui procure une jouissance ou lui épargne une peine supérieure à celle que lui cause la dépense, la différence constituant un profit. C'est en vue de ce profit qu'il travaille. Mais que devient le pouvoir vital qu'il a ainsi dépensé? Ce pouvoir ne disparaît pas, il *s'extériorise*, il reparaît augmenté du profit dans le produit et il en constitue la valeur. Cette valeur, l'homme

---

[1] Est-il nécessaire d'ajouter que la destruction appliquée à l'établissement de la sécurité est un facteur indispensable de la production? Le pouvoir de destruction, qui constitue la valeur militaire, employé à purger un territoire des bêtes féroces qui l'infestaient ou à le préserver des incursions des tribus pillardes, s'investit dans le sol et forme, pour ainsi dire, la première couche de la valeur du sol. Voir les *Notions fondamentales d'économie politique*, chap. IV. La production de la terre.

isolé la consomme lui-même après l'avoir
produite. Mais il en est autrement, sous le
régime de la division du travail et de l'é-
change. Sous ce régime aujourd'hui prédominant, le producteur offre les produits dans
lesquels il a investi de la valeur et il demande,
en échange, ceux dont il a besoin ou l'équivalent avec lequel il se les procure, la monnaie. Le but qu'il se propose, en opérant cet
échange, c'est, en dernière analyse, d'obtenir un pouvoir vital supérieur à celui qu'il
a dépensé en créant ses produits ou, pour
nous servir du langage économique, de couvrir ses frais de production avec adjonction
d'un profit. Mais pour qu'il puisse atteindre
ce but, que faut-il? Il faut que le produit qu'il
offre procure à celui qui en a besoin et qui le
demande, au consommateur, un pouvoir vital
ou réparateur de sa vitalité assez grand pour
le déterminer à fournir en échange un produit ou un équivalent suffisant pour reconstituer le pouvoir vital dépensé dans la pro-

duction avec adjonction d'un profit. Ce profit croissant avec la valeur du produit, le producteur s'efforce de porter celle-ci au taux le plus élevé, tandis que le consommateur s'efforce, au contraire, de l'obtenir au taux le plus bas. Qu'est-ce qui déterminera ce taux dans l'échange? Ce sera l'intensité comparative des besoins des deux parties, besoin de vendre du producteur, besoin d'acheter du consommateur Et comment se traduira dans l'échange l'intensité du besoin? Par l'augmentation plus ou moins rapide des quantités offertes, quantité du produit d'un côté, quantité de la monnaie de l'autre. Plusieurs cas différents peuvent ici se présenter : 1° Deux échangistes seulement peuvent se trouver en présence; 2° un seul producteur en présence de consommateurs plus ou moins nombreux, ou un seul consommateur en présence de plusieurs producteurs; 3° des producteurs assez nombreux pour se faire concurrence, les uns pour vendre, les autres pour acheter. Dans ces

divers cas, c'est toujours l'intensité comparative des besoins qui détermine le taux de
l'échange ou le prix, mais il nous suffira de
considérer le dernier. Dans ce cas, si les détenteurs du produit offert à l'échange sont
nombreux et si les quantités du produit à
échanger sont abondantes, chacun d'eux accé-
lèrera son offre dans la crainte d'être devancé
par ses concurrents, tandis que les consommateurs, assurés d'être approvisionnés, ralenti-
ront la leur. Alors, le prix baissera en raison
de l'inégalité des deux mouvements. Il haus-
sera, au contraire, si les quantités apportées
sont insuffisantes, les producteurs étant assurés de s'en défaire et les consommateurs
pouvant craindre de n'en pas obtenir Mais,
chose essentielle à remarquer, les mouvements de hausse ou de baisse de la valeur des
produits ne se développent pas seulement dans
la proportion des quantités offertes à l'é-
change, ils se développent en progression
géométrique. Car dans le cas où les quantités

du produit sont insuffisantes, le mouvement de l'offre se ralentit tandis que le mouvement de la demande s'accélère; quand, au contraire, les quantités du produit sont surabondantes, le mouvement de l'offre s'accélère tandis que le mouvement de la demande se ralentit. Que résulte-t-il de là? C'est que, dans le premier cas, la valeur du produit offert à l'échange s'élève par une impulsion de plus en plus rapide, de manière à dépasser les frais de production et le profit nécessaire, tandis que dans le second cas elle s'abaisse suivant la même impulsion de manière à découvrir les frais de production et à remplacer le profit par une perte croissante[1].

On voit maintenant comment s'opère l'action régulatrice de la concurrence : c'est en faisant graviter le taux de la valeur dans l'échange, autrement dit le *prix courant*, vers le montant des frais de production augmentés du profit

[1] Voir notre *Cours d'économie politique*, 3e leçon. La valeur et le prix, 2e édition, 1863.

nécessaire pour déterminer la création du produit ou du service, ou, pour nous servir de l'expression caractéristique d'Adam Smith, vers le *prix naturel*. En effet, lorsque les quantités produites et offertes à l'échange surabondent, le prix courant baisse, et sa chute s'opérant par une impulsion qui va se développant en raison géométrique, il ne tarde pas à tomber au-dessous du prix naturel. Alors, le profit disparaissant pour faire bientôt place à une perte, la production diminue, et le prix courant se relève jusqu'à atteindre le prix naturel et même à le dépasser S'il le dépasse, le profit s'élevant aussitôt au-dessus du taux nécessaire, cette hausse ne manque pas d'attirer le capital et le travail, et de provoquer l'augmentation de la production, partant, des quantités offertes. Il n'est donc pas nécessaire, comme le prétendent les socialistes, que l'État ou tout autre pouvoir se charge de régler la production. Ce règlement utile s'opère de lui-même par la coopération des lois naturelles de la concurrence et de la valeur. Il suffit de ne pas opposer d'obstacles à leur opération régulatrice, ou, si elles rencontrent des obstacles, de les laisser agir pour en débarrasser la voie, en un mot, il suffit de les *laisser faire*.

Tel est le mobile et telles sont les lois qui gouvernent l'activité humaine, — mobile de l'intérêt, loi de l'économie des forces ou du moindre effort, loi de la concurrence, sous ses différentes formes, loi de la valeur. C'est sous l'impulsion de ce mobile et de ces lois que l'homme a réalisé les progrès qui l'ont fait sortir de l'animalité et élevé à la civilisation, en passant par l'état de guerre pour aboutir à l'état de paix.

Aussi longtemps que l'état de guerre s'est imposé à l'homme comme une condition d'existence et de progrès, ce mobile et ces lois ont agi pour y adapter l'organisation politique et économique des sociétés. Depuis que la guerre a fait son œuvre en assurant la sécurité de la civilisation, et que l'état de paix s'impose à son tour, cette organisation va se modifiant sous l'impulsion du même mobile et des mêmes lois. Au point où l'évolution est maintenant arrivée, on peut déjà prévoir ce que sera l'organisation politique et économique de la société future. Comme j'ai essayé de le démontrer dans mes précédents ouvrages, que celui-ci résume et complète, elle n'aura rien de commun avec les conceptions arbitraires des socialistes, car elle sera fondée non sur des lois faites de main d'homme, mais sur des lois émanées de la même source que celles qui gouvernent le monde physique et dont l'un des pères de l'économie politique, Quesnay, a dit :

« Il faut bien se garder d'attribuer aux lois physiques les maux qui sont la juste et inévitable punition de la violation de l'ordre même de ces lois, instituées pour opérer le bien. »

i

L'ÉTAT DE GUERRE

ESQUISSE

DE

L'ORGANISATION POLITIQUE

ET ÉCONOMIQUE

DE LA SOCIÉTÉ FUTURE

CHAPITRE PREMIER

La formation des sociétés primitives et les conditions nécessaires de leur existence.

On a attribué la formation des sociétés primitives à un sentiment particulier de sympathie de l'homme pour ses semblables, mais une observation plus exacte nous montre que ce sentiment n'est nullement préexistant dans la nature humaine; qu'il est né du besoin que les hommes ont les uns des autres et de l'intérêt que ce besoin suscite; qu'un homme n'est l'ami d'un autre homme qu'au-

tant qu'il y a entre eux accord de besoins et d'intérêts; que l'opposition des besoins et des intérêts
engendre aussitôt un sentiment d'antipathie et
même qu'aucun être n'excite chez l'homme une
haine plus violente et plus implacable que son
semblable. Si les hommes se sont associés, c'est
parce que qu'ils avaient besoin les uns des autres ;
c'est parce qu'en s'associant ils pouvaient s'épargner
des souffrances qu'il leur eût été impossible d'éviter et se procurer des jouissances qu'il leur eût été
non moins impossible d'obtenir, en demeurant
isolés. Il en est ainsi, au surplus, de toutes les
espèces vivantes : les individus qui peuvent subsister sans l'aide de leurs semblables et auxquels
l'association serait plutôt nuisible, vivent dans
l'isolement, tels sont la plupart des carnassiers.
C'est le besoin d'assistance mutuelle qui détermine
les autres à s'associer, et tel est le cas de l'espèce
humaine. L'association s'imposait à elle comme un
besoin vital de conservation : d'abord, dans sa lutte
avec les animaux pour lesquels l'homme était un
concurrent et une proie, ensuite, dans les luttes
entre les hommes. Les individus physiquement les
moins forts, mais assez intelligents pour associer

et combiner leurs forces, ont pu faire pencher ainsi la balance de leur côté et se conserver à l'avantage de l'espèce.

Cependant, ce progrès en nécessitait d'autres. Il ne suffisait pas aux plus faibles d'associer leurs forces pour résister aux plus forts, il leur fallait aviser aux moyens de les maintenir unies, comme aussi de les ordonner et de les combiner de manière à leur faire produire la plus grande somme possible de puissance de combat. Ce double besoin suscita la création d'un organisme que l'on retrouve dans les sociétés les moins aptes au progrès, dont on aperçoit les rudiments même chez les sociétés animales, nous voulons parler d'un gouvernement.

L'examen le plus sommaire des conditions auxquelles les sociétés naissantes pouvaient demeurer unies et croître en forces rend compte du rôle de cet organisme et de sa constitution naturelle. Ces conditions se résumaient dans l'établissement de la sécurité extérieure et intérieure impliquant la reconnaissance et la séparation des actes utiles et des actes nuisibles à la société, et la garantie des uns contre les autres. L'organisme destiné à pourvoir à la sécurité de l'association, de laquelle dé-

pendait celle de ses membres, devait donc être constitué par le groupement des individualités les plus
capables de discerner le caractère utile ou nuisible
des actes, c'est-à-dire les plus intelligents, et des
individualités les plus capables de réprimer les
actes nuisibles, c'est-à-dire les plus forts. Telle
était la constitution naturelle des gouvernements.

Sans doute, les règles auxquelles on a donné le
nom de « lois », qu'un gouvernement établit pour
séparer ce qui est utile de ce qui est nuisible, ce
qui est bien de ce qui est mal, ces règles que
l'observation et l'expérience font découvrir, sont
toujours plus ou moins bien adaptées à leur destination, elles le sont d'autant mieux, elles sont
d'autant plus « justes », qu'elles contribuent plus
efficacement à assurer la conservation de la société,
en augmentant, sa puissance. En tous cas, elles
atteignaient à l'origine plus sûrement cet objectif
nécessaire que les règles individuelles auxquelles
elles se substituaient.

De même, si imparfait, si injuste que fût le gouvernement des sociétés primitives, il assurait aux
individus qui les composaient une sécurité supérieure à celle qu'ils auraient pu produire isolé-

ment. Car il opposait aux risques qui menaçaient l'existence de chacun l'ensemble des forces organisées de l'association. De plus, cette sécurité supérieure revenait moins cher. Tandis qu'en demeurant isolé, l'individu aurait dû consacrer la plus grande partie de son temps et de ses forces à la défense de sa vie et de ses moyens de subsistance, tout en n'ayant que les plus faibles chances de s'en assurer la conservation, il put désormais consacrer la portion de temps et de forces que ce progrès rendait disponible, soit à satisfaire des besoins moins urgents, soit à découvrir des matériaux et à inventer des instruments ou des procédés propres à rendre son travail plus productif et à augmenter ainsi la somme de ses jouissances ou à diminuer celle de ses peines.

C'est un intérêt commun, l'intérêt de la sécurité de leur vie et de leurs moyens de subsistance, qui unit les membres de la même société. Cet intérêt suscite et développe chez eux un sentiment *sui generis* de sympathie pour leurs co-associés et pour la société elle-même. Mais ce sentiment ne s'étend pas au delà des frontières de l'association, troupeau, clan ou tribu. Les individus qui n'en font point partie et les sociétés dont ils sont membres excitent, au contraire, un sentiment de répulsion et de haine, en raison de l'opposition naturelle de leurs intérêts avec les siens. Car dans ce premier âge où l'homme n'avait pas encore appris à multiplier ses subsistances, où il était obligé de se contenter de celles que lui offrait la nature, une société ne pouvait augmenter les siennes qu'aux dépens de ses concurrentes.

CHAPITRE II

La concurrence entre les sociétés primitives et ses effets.

Lorsque leur population venait à dépasser les moyens de subsistance qu'elles n'avaient pas encore appris à multiplier, les sociétés primitives étaient obligées soit de supprimer l'excédent, soit de s'emparer des terrains de chasse ou des gisements de végétaux alimentaires appartenant à quelque tribu étrangère. Les plus fortes l'emportaient et exterminaient les plus faibles. Excitées par le besoin de conservation et grâce à l'épargne de temps et de travail que leur procurait l'association, les plus intelligentes d'entre celles-ci s'appliquaient à remédier à l'infériorité de leurs forces en inventant des armes et des procédés de destruction qui faisaient pencher la balance de leur côté et leur donnaient la victoire, au moins jusqu'à ce que ce progrès eût été imité par les tribus concurrentes. Mais l'invention et le perfectionnement d'engins de destruction propres à la chasse aussi bien qu'à la guerre avait un autre résultat : c'était de raréfier le gibier en le rendant plus facile à atteindre. De là surgissait, chez les tribus trop faibles pour augmenter leurs moyens de subsistance aux dépens de leurs voisines, le besoin de les multiplier par d'autres procédés. L'esprit d'observation et l'aptitude à l'invention répondirent à la demande de ce besoin, en réalisant le progrès décisif qui devait élever l'espèce humaine au-dessus de l'animalité : aux industries destructives qui lui étaient communes avec les animaux et limitaient sa population aux ressources alimentaires que lui offrait la nature, ils substituèrent des industries productives qui allaient accroître d'une manière indéfinie ses moyens de subsistance et lui procurer la maîtrise du globe.

Aux tribus de quelques centaines d'individus, auxquelles un vaste territoire ne fournissait qu'une subsistance toujours précaire, succédèrent des nations nombreuses et amplement pourvues des matériaux d'entretien de la vie. Cependant, ces progrès qui multipliaient leurs moyens de subsistance augmentaient par là même les risques de destruction auxquels les exposait la concurrence des tribus qui continuaient à vivre de la chasse aux animaux et aux hommes. D'une part, les richesses qu'elles accumulaient excitaient chez ces tribus de chasseurs et de pillards des convoitises de plus en plus ardentes, en rendant une invasion suivie d'une razzia de plus en plus profitable. D'une autre part, les peuples qui demandaient maintenant leurs moyens de subsistance à la culture du sol et aux métiers paisibles dont l'accroissement de productivité de l'industrie alimentaire avait suscité la création, ces peuples en voie de civilisation perdaient, faute d'exercice, les aptitudes requises par les industries destructives de la chasse et de la guerre. Ils auraient infailliblement succombé dans cette lutte inégale et la civilisation aurait péri dans son germe si le même phénomène qui avait déterminé la substitution de l'agriculture à la chasse n'avait provoqué celle de l'assujettissement et de l'exploitation au massacre et au pillage. Les razzias ne procuraient que des ressources promptes à s'épuiser, et dont le produit allait diminuant à mesure que le massacre et le pillage, accomplissant leur œuvre de destruction, transformaient en déserts des régions fécondées par le travail d'une population laborieuse. Alors, les profits temporaires du pillage baissant et menaçant de disparaître, les tribus les plus intelligentes de pillards inventèrent et mirent en œuvre un moyen efficace non seulement de les perpétuer mais encore de les accroître. Elles occupèrent d'une manière permanente les régions qu'elles se bornaient auparavant à dévaster dans leurs incursions, et elles en asservirent les populations au lieu de les massacrer. Ces populations, les pillards devenus conquérants les obligèrent à travailler pour eux et à leur fournir tout ou partie du produit net de leur travail. Alors aussi, ils furent intéressés à les protéger. Ils fondèrent des établissements ayant pour objet l'exploitation des territoires conquis et des populations asservies, des « États politiques », dans lesquels ils firent régner la sécurité et qu'ils défendirent contre les invasions des barbares qui continuaient à vivre de pillage. Ce fut encore un progrès décisif, en ce qu'il devait avoir pour résultat final d'assurer la civilisation contre le risque de la destruction et des retours à la barbarie.

CHAPITRE III

La concurrence entre les États en voie de civilisation.

Dès la fondation de ces entreprises d'exploitation des territoires conquis et des populations assujetties, auxquelles on a donné le nom d'États politiques ou simplement d'États, les sociétés conquérantes eurent à lutter contre deux sortes de concurrents : les tribus particulièrement aptes à la guerre qui continuaient à vivre de pillage, et les autres sociétés propriétaires d'états, intéressées à développer autant que possible leurs exploitations.

Comme tous les autres fondateurs et propriétaires d'entreprises, ceux des États politiques avaient pour objectif l'augmentation des profits de l'industrie à laquelle ils demandaient leurs moyens de subsistance. Cet objectif, ils pouvaient l'atteindre par deux voies différentes : 1° par l'accroissement du produit net qu'ils tiraient de l'exploitation des populations assujetties ; 2° par la conquête d'un supplément de territoire et de « sujets. » Mais l'augmentation du produit net exigeait des progrès qui ne pouvaient être réalisés qu'à la longue ; il fallait que les propriétaires de l'État améliorassent leur système de gouvernement et leur régime d'exploitation, de manière à exciter les populations assujetties à produire davantage ; il fallait qu'ils leur accordassent plus de liberté, à mesure qu'elles se montraient plus capables de se gouverner, et surtout qu'ils leur abandonnassent une portion moins étroite du produit de leur travail. Or, le pouvoir absolu que la conquête et l'appropriation conféraient aux propriétaires de l'État sur leurs sujets, et que sanctionnait la supériorité écrasante de leurs forces organisées, leur permettait d'en user comme d'un bétail, et leur avidité naturelle les poussait à ne laisser à ce bétail humain que le minimum indispensable à l'entretien de la vie, souvent même moins que ce minimum. Ce n'est qu'après une longue et coûteuse expérience des pertes et des dommages que leur causait à eux-mêmes l'excès de leur fiscalité, que les propriétaires d'États ont

commencé à comprendre que le moyen le plus
efficace et le plus sûr d'augmenter le produit net,
perçu, soit sous forme de corvées, soit sous forme
d'impôts en nature ou en argent, c'était d'encou-
rager les producteurs à accroître le produit brut. La
conquête d'un supplément de territoire et de sujets
était en comparaison plus facile, et elle s'accordait
mieux avec les facultés et l'humeur combative
des membres des sociétés conquérantes. Aussi,
a-t-elle été de tout temps l'objectif principal, sinon
unique, de leur politique.

Mais cette concurrence pour l'acquisition de territoires et de sujets exploitables a eu des résultats
que ne soupçonnaient point les concurrents. Elle a
obligé les sociétés propriétaires d'États à réaliser,
sous peine de dépossession partielle ou même totale, tous les progrès qui rendent plus fort, soit
en améliorant leurs institutions politiques et civiles,
leur régime fiscal et économique, soit en perfec-
tionnant les méthodes, le personnel et le matériel
de l'industrie destructive.

Partout et de tout temps, les institutions politiques, militaires, civiles, fiscales et économiques
se sont perfectionnées sous l'impulsion de cette

forme de la concurrence; partout et de tout temps aussi, les sociétés les plus progressives, celles qui développaient au plus haut point leur puissance destructive et productive, en un mot, qui devenaient les plus fortes, l'ont emporté sur leurs rivales. Nous avons étudié, dans nos précédents ouvrages, le processus de ce développement, nous avons vu comment les progrès de l'industrie de la destruction, en étendant successivement les débouchés de la production, ont déterminé ses progrès; comment, enfin, les uns et les autres ont assuré d'une manière définitive la sécurité de la civilisation [1].

[1] Voir notamment l'*Évolution économique du XIX° siècle* et l'*Évolution politique et la Révolution*.

CHAPITRE IV

Déclin de la concurrence destructive.

Comme toutes les autres branches de l'activité
humaine, la guerre a pour mobile un profit. Or,
les progrès combinés des arts de la destruction et
de la production ont eu pour résultat d'abaisser
continuellement le taux de ce profit pour les peuples guerriers et pillards qui demandaient principalement leurs moyens de subsistance aux razzias
qu'ils opéraient sur les domaines des peuples civilisés ; ces entreprises sont devenues de moins en
moins profitables à mesure que l'art et le matériel
de la guerre ont exigé une force morale, une
science et des avances de capital que la civilisation
seule permet d'acquérir. C'est pourquoi les incursions en vue du pillage, après avoir rapporté longtemps de gros bénéfices aux hordes barbares dont
elles étaient par là même l'occupation favorite, ont

fini par se solder en perte. Alors, comme toutes les entreprises en perte, elles ont été abandonnées, ou du moins, elles ne se produisent plus que par exception sur les frontières les plus reculées et les moins gardées, du monde civilisé. Après avoir été continuellement exposées aux invasions des barbares, les nations civilisées ont commencé depuis plusieurs siècles la conquête des parties du globe qu'ils occupent encore. Cette conquête achevée, — et elle le sera selon toutes probabilités avant un siècle, — les guerres qu'elle suscite prendront naturellement fin.

Mais ces guerres n'ont plus de nos jours qu'une importance tout à fait secondaire, et elles ne mettent en œuvre qu'une portion presque insignifiante de la puissance destructive des États civilisés. C'est la guerre entre ces États eux-mêmes qui absorbe la plus grande partie de leurs forces. Chez la plupart des nations, cette industrie destructive exige des capitaux plus considérables et emploie un plus grand nombre de bras, sinon d'intelligences, qu'aucune industrie productive, l'agriculture exceptée. Quelle a été et quelle est actuellement sa situation au point de vue du profit?

Jusqu'à l'époque où la sécurité de la civilisation a été définitivement assurée contre les invasions des barbares, ce profit a été de deux sortes. Il consistait, d'une part, dans le gain matériel et les satisfactions morales que recueillait le vainqueur ; d'une autre part, dans l'accroissement de sécurité que les progrès de l'art de la destruction procuraient au monde civilisé, — progrès qui ne pouvaient être réalisés que par la guerre.

Les profits matériels et moraux que rapporte une guerre à l'État vainqueur se sont concentrés de tout temps, d'une manière presque exclusive, entre les mains de la société propriétaire et gouvernante de l'État. Ces profits atteignaient le taux le plus élevé lorsque la conquête d'un territoire entraînait le partage des terres et de la population assujettie entre les vainqueurs, en leur procurant en sus une gloire et un prestige d'autant plus grands que la victoire les préservait du traitement qu'ils faisaient subir aux vaincus. Cette même victoire mettait la population d'esclaves, de serfs ou de sujets à l'abri des maux de l'invasion et de l'assujettissement à de nouveaux maîtres, souvent plus grossiers et plus avides que les anciens ; en

outre, toute guerre qui déterminait un progrès, si
faible qu'il fût, de l'art de la destruction, contri-
buait à l'assurance éventuelle de la sécurité de la
civilisation. Mais ces divers profits sont allés
s'abaissant à mesure que la conquête a cessé d'avoir
pour conséquence le massacre ou l'asservissement
des vaincus, et qu'elle n'expose plus les sujets
conquis à subir qu'une domination à peine différente de celle à laquelle ils étaient accoutumés ;
enfin, la sécurité de la civilisation ayant fini par être
pleinement assurée, la guerre ne lui procure plus
de ce chef aucun profit.

En quoi donc consiste actuellement le profit d'une
guerre et à qui va-t-il ?

Ce qui en subsiste se concentre dans la classe
gouvernante des États et se partage entre l'élément
militaire et l'élément civil. Pour la hiérarchie des
militaires professionnels, il consiste dans l'augmentation de la solde et des chances d'avancement,
dans les récompenses extraordinaires qui sont
accordées aux chefs d'armée, dans la gloire qui
s'attache à leur nom, quoique cette gloire ait diminué
avec les dangers et les dommages dont la victoire
préservait la nation et les bénéfices qu'elle pouvait

lui procurer. Pour les politiciens qui gouvernent l'État, le profit d'une guerre heureuse se traduit par une augmentation de pouvoir et d'influence, sans empêcher toutefois leur domination de demeurer toujours précaire; pour les fonctionnaires de tout ordre, le bénéfice d'une guerre, du moins quand elle aboutit à une annexion de territoire, consiste dans une extension de débouché; toutefois, ce bénéfice n'est que temporaire, car les territoires annexés produisent, eux aussi, des fonctionnaires qui viennent, tôt ou tard, faire concurrence à ceux de la nation annexante. Si, au lieu d'un agrandissement de territoire, la victoire ne procure qu'une indemnité de guerre, cette indemnité est absorbée, pour la plus grande part, par la réfection et l'augmentation de l'appareil de guerre.

En revanche, les pertes et dommages que toute guerre occasionne à la multitude vouée aux industries productives, chez les neutres aussi bien que chez les belligérants, se sont progressivement accrus depuis que la transformation de la machinerie de la destruction et de la production a rendu la guerre plus coûteuse, étendu et aggravé les maux qu'il est dans sa nature de causer. Ces pertes

et dommages sont de deux sortes : directs et indirects.

Les pertes directes consistent dans la destruction
des hommes et des capitaux que toute guerre
implique, et elles se sont naturellement accrues
avec la puissance que l'augmentation de leur population, de leur richesse et de leur crédit a value,
surtout depuis un siècle, à la plupart des États du
monde civilisé. Les pertes d'hommes ne sont pas
moins sensibles que celles des capitaux, en ce
qu'elles enlèvent la fleur de la population valide et
déterminent l'affaiblissement de la race.

A ces pertes directes se joignent des dommages
indirects, qui vont croissant à mesure que les
intérêts s'internationalisent davantage : les débouchés se restreignent, la masse des échanges
diminue, la demande du capital et du travail subit
un temps d'arrêt, et, tandis que les dépenses
augmentent, les ressources nécessaires pour y faire
face se développent moins vite, sans que ces pertes
et dommages soient rachetés désormais par un
accroissement général de sécurité.

Enfin, la persistance de la guerre oblige toutes
les nations à maintenir, d'une manière permanente,

les armements qu'elle exige, et les progrès mêmes
de la puissance destructive leur imposent à cet
égard des charges croissantes, car chaque fois qu'un
État perfectionne son matériel de guerre, les autres
se trouvent dans la nécessité de l'imiter. C'est
pourquoi, en pleine paix, la guerre et les dettes
qu'elle a fait contracter absorbent une part de plus
en plus forte du revenu des États modernes, tout
en enlevant aux industries productives un personnel
de plus en plus nombreux qu'elle voue à l'oisiveté et
à la démoralisation, en attendant de les employer à
l'œuvre de la destruction.

En résumé, la guerre, après avoir accompli la
tâche qui lui était dévolue de productrice de sécurité, a cessé d'être utile pour devenir nuisible.
Comme nous le verrons, elle est condamnée à
disparaître pour faire place à une forme supérieure
de la concurrence : la concurrence productive ou
industrielle.

CHAPITRE V

Pourquoi la guerre subsiste après avoir perdu sa raison d'être.

La guerre ayant cessé d'être productive de sécurité, la multitude qui demande ses moyens de subsistance à l'industrie en supporte maintenant les frais et dommages sans aucune compensation, mais elle ne possède pas le pouvoir nécessaire pour y mettre fin. Ce pouvoir appartient aux gouvernements. Or, si l'intérêt des gouvernements s'accorde finalement avec celui des gouvernés, il lui est immédiatement opposé. Que sont, en effet, les gouvernements? Des entreprises qui produisent des services de différentes sortes, à commencer par la sécurité intérieure et extérieure. Ceux qui les dirigent, chefs et état-major civil et militaire, ont naturellement intérêt à les agrandir, en raison des bénéfices matériels et moraux que cet agrandissement

leur procure. Leur tendance est donc d'augmenter
à l'intérieur leurs attributions, en empiétant sur le
domaine des autres entreprises, et d'étendre leur
domination au dehors par des annexions territo-
riales. Ils n'ont pas à se préoccuper du prix de
revient de leurs services et de leurs conquêtes,
car ce sont les nations qui en supportent les frais.

En revanche, la nation qui se trouve, en présence de son gouvernement, dans la situation de
consommateur vis-à-vis du producteur, est intéressée à ne lui demander que les services qu'il peut
produire mieux et à moins de frais que les autres
entreprises et à les lui payer le moins cher possible.
Il en est de même pour les annexions de territoires :
il faut que le supplément de débouché qu'elles procurent à son industrie couvre les frais de leur acquisition et lui donne un profit au moins équivalent
à celui qu'elle pourrait tirer de tout autre emploi
de son capital et de son travail.

Mais, entre le gouvernement producteur et la
nation consommatrice, la partie n'est pas égale :
le gouvernement impose ses services et la nation
est obligée de les accepter. A la vérité, elle a
obtenu dans les pays qualifiés de constitutionnels

le droit de les consentir et d'en débattre le prix, mais, en dépit des réformes et des révolutions qui se sont multipliées depuis un siècle, ce droit est demeuré impuissant à établir l'égalité entre le producteur et le consommateur des services publics. En outre, les gouvernements modernes sont moins intéressés que ne l'étaient leurs devanciers à ne point abuser des forces et des ressources des nations, et celles-ci, de leur côté, sont moins intéressées et peut-être aussi moins capables d'empêcher cet abus.

Sous l'ancien régime, l'établissement politique, l'État, était la propriété perpétuelle de l'association d'hommes forts qui l'avait fondé ou conquis, et les membres de cette association, à commencer par le chef, se succédaient de génération en génération dans la partie du domaine commun qui leur était échue en partage et dans les fonctions qui y étaient attachées. Ils étaient donc intéressés à la fois par les sentiments les plus énergiques de l'âme humaine, l'amour de la famille et de la propriété, à léguer à leurs descendants leur domaine bonifié et agrandi, et il ne pouvait l'être qu'à la condition que l'État eût accru sa puissance et ses ressources, ou, du moins, les eût conservées intactes. Il y avait, d'ailleurs, aux impôts qu'ils exigeaient de leurs sujets, une limite fiscale qu'ils ne pouvaient dépasser sans dommage et sans péril pour eux-mêmes. Quand ils abusaient de leur pouvoir souverain de propriétaires pour épuiser les facultés contributives de la population assujettie, quand ils gaspillaient le produit des impôts devenus excessifs, l'État allait s'appauvrissant et s'affaiblissant. Alors ses propriétaires devenaient moins capables de résister à des concurrents toujours en éveil et prêts à saisir l'occasion favorable pour s'enrichir de leurs dépouilles. La perpétuité de possession de l'État et la pression de la concurrence sous forme de guerre étaient les préservatifs de l'abus du pouvoir souverain que les gouvernants possédaient sur les gouvernés.

Cependant, à mesure que le péril des invasions s'est affaibli et que, d'une autre part, la transformation progressive du matériel de guerre a exigé des avances plus considérables, la pression de la concurrence a cessé d'être continue, et elle est devenue, par conséquent, moins efficace. Les maîtres de l'État n'en ont pas moins continué à imposer à leurs sujets des charges et des servitudes que ne justifiaient plus les mêmes périls, et ils ont provoqué dans les classes dont l'industrie et le commerce en progrès avaient augmenté la puissance un mécontentement croissant, qui a abouti à la subversion de l'ancien régime.

Le trait caractéristique du nouveau régime, ce qui le distingue, au moins théoriquement, de l'ancien, c'est le transfert à la nation, de l'établissement politique, de l'État, et par conséquent du pouvoir souverain inhérent au droit de propriété sur le domaine et les sujets de l'État. Ce pouvoir dont l'exercice était conféré au chef, le plus souvent héréditaire, du gouvernement de l'établissement politique, et qui mettait à sa disposition la vie et les biens des sujets, avait sa raison d'être dans l'état de guerre. Il fallait que ce chef responsable de la conservation de l'État fût investi d'un pouvoir illimité de réquisition des forces et des ressources individuelles pour en user dans toutes les circonstances où il le jugerait nécessaire, soit qu'il s'agît de défendre l'État ou d'augmenter sa puissance par un agrandissement de territoire. L'attribution de la propriété de l'établissement politique à la nation ne supprimait pas cette nécessité. Aussi longtemps que subsistait l'état de guerre, il était nécessaire d'attribuer au gouvernement responsable de la sécurité de la nation, le droit illimité de réquisition sur la vie et les biens des individus, que possédaient ses devanciers de l'ancien régime. Seulement, l'expérience du passé démontrant que les détenteurs du pouvoir souverain ne manquaient point d'en abuser, il était indispensable aussi de se prémunir contre cet abus. Comment procédèrent les théoriciens du nouveau régime? L'expérience démontrant encore que la nation ne pouvait remplir elle-même l'office d'un gouvernement, ils ne lui attribuèrent que le droit de nommer des mandataires chargés de l'exercice de sa souveraineté. Mais comme ces mandataires pouvaient être infidèles, ou simplement, à la longue, ne plus exprimer exactement la volonté de la nation, on limita plus ou moins étroitement la durée du mandat. Enfin, l'expérience ayant démontré que les mandataires ne pouvaient pas plus que leurs mandants remplir l'office d'un gouvernement, organiser et mettre en œuvre les appareils nécessaires à la production de la sécurité extérieure et intérieure et aux autres services attribués à tort ou à raison au gouvernement, les « constitutions » ne leur conférèrent, de la souveraineté, que l'exercice du pouvoir législatif avec un droit de délégation du pouvoir exécutif à des ministres responsables devant eux, et obligés de se conformer, sous peine de destitution, à la volonté de la majorité des assemblées de mandataires. Ce mode de partage et d'exercice de la souveraineté comporte, à la vérité, des variantes. Dans les monarchies constitutionnelles, le chef du gouvernement est demeuré héréditaire, mais il a été déclaré irresponsable et son unique fonction consiste à nommer le ministère responsable que lui désigne la majorité des mandataires de la nation. Ceux-ci sont choisis, nominalement, par la nation ou par la partie de la nation investie des droits politiques, mais, en fait, par des associations, des *partis*, qui se disputent la gestion de l'État, en raison des bénéfices matériels et moraux que cette gestion procure. Ces associations politiques ne sont, en réalité, que des armées organisées pour la conquête du pouvoir. Elles ont un intérêt immédiat : c'est de grossir le nombre de leurs adhérents, c'est d'obtenir la majorité électorale. Leurs chefs promettent dans ce but aux électeurs influents une participation quelconque aux bénéfices de la conquête, des places ou des privilèges ; mais ces promesses ils ne peuvent les tenir qu'en augmentant les attributions de l'État et en multipliant ses entreprises pacifiques ou guerrières. Que les unes et les autres aient pour effet d'accroître les charges de la nation et d'affaiblir sa vitalité, peu leur importe ! La conquête et la conservation d'un pouvoir qui leur est continuellement disputé, les oblige à ne tenir compte que de leur intérêt de parti, sans rechercher si cet intérêt égoïste et immédiat s'accorde ou non avec l'intérêt général et permanent de la nation. C'est ainsi que les théoriciens du nouveau régime, en substituant la possession temporaire du pouvoir souverain à la possession perpétuelle, ont aggravé l'opposition des intérêts qu'ils prétendaient unir ; ils ont affaibli ou même supprimé le seul mobile qui pût empêcher avec quelque efficacité les gouvernements, producteurs de services publics, d'abuser de leur pouvoir souverain au détriment des consommateurs de ces services.

Cependant, les constitutions ont prodigué les

garanties contre cet abus ; elles ont proclamé notamment le droit de censurer les actes du gouvernement par la voie de la presse, mais ce droit est demeuré trop souvent stérile. La presse a trouvé plus de profit à se mettre au service des intérêts de classe ou de parti qu'à celui de l'intérêt général, et à se faire l'écho des passions du moment plutôt qu'à faire entendre la voix de la raison. Nulle part, elle n'a agi pour réfréner la tendance du gouvernement à augmenter les dépenses publiques. En même temps, des causes économiques, les progrès de l'industrie et le développement du crédit, favorisaient la même tendance. Les progrès de l'industrie, en augmentant, dans des proportions extraordinaires depuis un siècle, la richesse des nations civilisées, ont rendu supportables des charges qui eussent été auparavant écrasantes. Le développement du crédit public a fourni aux gouvernements le moyen de rejeter sur les générations futures une part croissante de leurs dépenses, et, en particulier, la presque totalité de leurs dépenses de guerre. Mieux encore. Il a intéressé la génération présente, ou tout au moins une portion importante et influente de cette génération, à des dépenses qui sont couvertes par des emprunts, car elle recueille tous les profits du mouvement d'affaires que ces dépenses engendrent, tandis qu'elle ne supporte qu'une faible part des charges que nécessite leur amortissement.

On s'explique ainsi que le pouvoir souverain dont les gouvernements n'ont pas cessé d'être investis, ait été employé plus encore que sous l'ancien régime à aggraver les charges des nations, soit qu'elles proviennent de l'augmentation anti-économique des attributions de l'État ou de la continuation de luttes destructives que ne compense désormais aucun accroissement de la sécurité de la civilisation.

CHAPITRE VI

Conséquences de la persistance de l'état de guerre.

Aussi longtemps que la guerre a été l'agent nécessaire de la production de la sécurité, à défaut de laquelle les sociétés humaines se trouvaient continuellement ramenées à un état voisin de l'animalité, les sacrifices qu'elle coûtait et les dommages qu'elle causait se trouvaient amplement compensés par la contribution qu'elle apportait à l'assurance de la civilisation. Mais, depuis que les progrès de la puissance destructive et productive, réalisés sous son impulsion, ont donné une prépondérance décisive aux peuples civilisés, cette compensation a cessé d'exister. De plus, les progrès mêmes dont la guerre a été le véhicule, l'ont rendue de plus en plus onéreuse, tant par la dépense d'hommes et de capitaux qu'elle exige que par les dommages directs et indirects qu'elle cause. S'il n'est pas possible de faire le compte de cette dépense et de ces dommages, on peut du moins en donner un aperçu sommaire.

Nous nous bornerons à rappeler que les différents États de l'Europe ont accumulé une dette de 130 milliards, dont 110 environ depuis un siècle, et que cette dette colossale provient presque exclusivement des dépenses de guerrre ; qu'ils tiennent sur pied en temps de paix plus de 4 millions d'hommes, et peuvent porter ce chiffre à 12 millions en temps de guerre ; que les deux tiers de leurs budgets sont absorbés par le service de la dette et l'entretien des armées de terre et de mer. Si l'on recherche quelle a été la progression des charges publiques dans le courant du siècle, on trouve que le montant des contributions en argent s'est élevé dans la proportion d'un à quatre et même à cinq, et que l'impôt du sang dans les pays du continent a suivi la même progression. Pour ne citer que la France, le budget de l'État y a monté depuis la Restauration de 1 milliard à 4 et le contingent annuel de l'armée de 40,000 hommes à 160,000. La progression a été à peu près la même dans les

autres États, et elle s'est, partout aussi, sensiblement accélérée dans la seconde moitié du siècle.

A la vérité, la population de l'Europe a doublé
depuis la fin du siècle dernier, et sa puissance productive s'est accrue dans une proportion bien plus
forte encore, grâce aux progrès merveilleux qui
ont transformé la plupart des branches d'industrie.
Quoique la statistique ne nous rénseigne qu'impar-
faitement à cet égard, nous pouvons admettre que
la puissance productive s'est développée dans la
même mesure que les prélèvements de l'impôt sur
ses fruits, mais des signes manifestes annoncent
que la progression de la productivité de l'industrie
tend actuellement à se ralentir, tandis que celle
des charges dont elle est grevée va, au contraire,
s'accélérant. L'accroissement de la population est
moins rapide, et il en est de même du mouvement
commercial et du produit des impôts ; ce qui atteste
visiblement un moindre développement de la richesse. Or, les causes qui agissent pour maintenir
la progression des charges n'ont rien perdu de leur
force. Rien ne peut faire prévoir que la prolongation de l'état de guerre ne provoquera pas au
xxᵉ siècle une augmentation de dépenses et de

dettes au moins égale à celle qui s'est produite dans le XIXe. Les impôts qui pourvoient actuellement à ces dépenses et à ces dettes seront-ils assez productifs pour y faire face? En France, par exemple, leur produit s'accroîtra-t-il assez pour suffire à un budget de 8 milliards et à une dette de 60? Et s'il n'y suffit point, ne faudra-t-il pas élever le taux des impôts existants ou en créer de nouveaux? Mais il y a une limite naturelle à l'élévation et à la multiplication des impôts, c'est le taux fiscal. Quand ce taux, marqué par la capacité productive des imposés, vient à être dépassé, le produit des impôts diminue au lieu de s'augmenter. Un moment viendra donc où la classe gouvernante elle-même sera atteinte dans ses moyens de subsistance par les frais croissants qu'entraîne la prolongation de l'état de guerre.

Cependant cette prolongation à une époque où la guerre a cessé d'être utile, n'a pas seulement pour résultat de faire peser sur les nations civilisées un fardeau croissant de dépenses militaires. Il a un autre résultat non moins nuisible : c'est de continuer à nécessiter l'attribution aux gouvernements d'un pouvoir souverain sur la vie et les biens des individus. Comme il n'y a point de limites aux sacrifices que la guerre peut exiger, il est nécessaire que les gouvernements aient le pouvoir non moins illimité de les imposer. Ce pouvoir, qui était concentré sous l'ancien régime entre les mains du chef héréditaire de l'oligarchie propriétaire de l'établissement politique, a passé théoriquement à la nation et, pratiquement, au personnel dirigeant du parti qui en a la possession précaire. Nous avons vu plus haut que ce transfert du pouvoir souverain, au lieu d'en restreindre l'abus, a eu, au contraire, pour effet de l'étendre et de l'aggraver. Nous avons vu aussi que toutes les garanties stipulées en faveur de l'individu pour le préserver de cet abus sont demeurées illusoires. Qu'ils le veuillent ou non, les détenteurs de l'exercice de la souveraineté sont obligés de mettre cet instrument redoutable au service des intérêts dont leur existence dépend. Sous l'ancien régime, ils n'avaient à compter qu'avec une oligarchie à laquelle était dévolu le monopole des fonctions supérieures, militaires et civiles, mais qui ne pouvait, sans déchoir, descendre aux fonctions inférieures et, à plus forte raison, se livrer aux occupations serviles de l'industrie et du commerce. Les appétits des classes dominantes étaient exigeants sans doute, mais ils se mouvaient dans un cercle naturellement étroit. Il suffisait au souverain de satisfaire l'ambition et la cupidité d'un petit nombre de familles en possession héréditaire de fournir le haut personnel de l'État. Il en a été autrement depuis que les gouvernements ont dû compter avec des appétits de plus en plus nombreux et non moins faméliques. Il ne leur a plus suffi de pourvoir de commandements et de sinécures les familles influentes d'une oligarchie, il leur a fallu mettre à la disposition des milliers et même des centaines de milliers de familles en possession du pouvoir et de l'influence politique, des fonctions de toute sorte et accorder à leurs intérêts, aux dépens du reste de la nation, une protection spéciale. Au militarisme se sont joints alors l'Étatisme et le protectionnisme pour augmenter les charges de la multitude. Ces charges qui fournissent la part de l'État et de ses protégés dans les résultats de la production, tantôt s'ajoutent aux parts des agents productifs, capital et travail, et tantôt s'en déduisent. Elles s'y ajoutent lorsque les producteurs peuvent élever de tout le montant de l'impôt le prix de leurs produits, ce qui arrive lorsqu'ils sont protégés contre la concurrence des pays où la production est moins grevée. Dans ce cas, la charge de l'impôt est supportée par les consommateurs, et diminue d'autant le pouvoir d'achat de leurs revenus, soit qu'ils tirent ces revenus du capital ou du travail. Seulement, les entrepreneurs d'industrie protégés et leurs commanditaires trouvent d'habitude dans la protection, des bénéfices qui compensent et au delà la perte de pouvoir d'achat qu'ils subissent à titre de consommateurs, en sorte que la multitude qui vit du produit de son travail non protégé supporte à la fois le fardeau de l'impôt et celui de la protection. Dans le cas où la concurrence extérieure empêche les producteurs d'élever les prix de leurs produits de tout le montant de l'impôt, — cas d'ailleurs exceptionnel, car le fardeau de l'impôt va s'appesantissant d'une impulsion presque égale dans tous les pays civilisés, — la part de l'État vient en déduction des parts des agents productifs. Mais le capital échappe en vertu de sa nature même à cette déduction. Quoiqu'il naisse de la production, il n'a que d'une manière accessoire la production pour objet. Il est constitué en vue de pourvoir aux nécessités éventuelles de la vie, et il peut subsister indéfiniment en demeurant inactif. Il ne s'offre à la production qu'autant que la rétribution qu'elle lui procure couvre la privation résultant de son indisponibilité et les risques de son emploi avec adjonction d'un profit. Si cette privation, ces risques et ce profit ne sont pas couverts, il ne s'offre point ou se retire. Les charges dont les gouvernements grèvent la production peuvent bien diminuer le nombre des emplois ouverts au capital, elles ne peuvent abaisser le taux de sa rétribution. Il en est autrement pour le travail. Il est obligé de s'offrir à la production pour satisfaire aux nécessités immédiates de la vie. A moins qu'il ne s'y soustraie par une émigration, toujours difficile et coûteuse, dans les pays moins grevés, c'est à ses dépens que s'opère la déduction de la part de l'État et de ses protégés.

Cette emprise croissante de l'État sur la part du travail dans les résultats de la production, les socialistes l'ont attribuée au capital. Si la rétribution du travail ne s'est pas élevée en raison de l'augmentation énorme de la productivité de l'industrie, cela provient, suivant leurs docteurs, de ce que le capital a abusé de sa puissance pour lui ravir la plus grande part, sinon la totalité, de ce qui aurait dû lui en revenir. Ils ont, en conséquence, soulevé le travail contre le capital et provoqué entre ces deux facteurs nécessaires de la production une lutte qui ne peut qu'aggraver les maux auxquels ils prétendent mettre fin.

Sans doute, les maux dont souffrent les travailleurs ne proviennent pas seulement de l'insuffisance de leur rétribution, ils proviennent encore du mauvais emploi qu'en font ceux d'entre eux qui sont incapables de gouverner utilement leur vie. Aux nuisances du gouvernement collectif s'ajoutent les nuisances du gouvernement individuel, mais, comme nous le verrons, si les premières n'engendrent pas les secondes, elles font obstacle à leur guérison.

C'est, en dernière analyse, le pouvoir souverain des gouvernements sur la vie et les biens des individus qui est la source de laquelle découlent le militarisme, l'étatisme et le protectionnisme. Or, ce pouvoir continue à avoir sa raison d'être dans la persistance de l'état de guerre. Le progrès le plus urgent à réaliser, dans la situation présente des sociétés civilisées, consiste donc à mettre fin à l'état de guerre. Ce progrès se réalisera, à la vérité, nécessairement de lui-même par la difficulté croissante de perpétuer une forme de la concurrence incompatible avec les nouvelles conditions d'existence des sociétés ; mais on peut l'accélérer et hâter aussi la réalisation des progrès que l'état de paix rendra possible [1].

[1] Voir, pour les développements, *Grandeur et Décadence de la guerre.*

II

L'ÉTAT DE PAIX

CHAPITRE PREMIER

L'assurance collective de la sécurité des nations.

La solution du problème de l'établissement d'un état de paix permanent entre les nations civilisées réside dans la substitution d'une assurance collective de leur sécurité extérieure au régime de l'assurance isolée. Si l'on considère la charge énorme et toujours croissante dont les accable ce régime suranné en même temps que son insuffisance à protéger les faibles contre l'abus du pouvoir des forts, on se convaincra que le moment ne peut être éloigné où la nécessité de ce progrès s'imposera au monde civilisé. C'est la même nécessité qui a déterminé la formation des sociétés primitives d'assurance collective de la sécurité individuelle, troupeaux, clans ou tribus. Tandis que l'individu isolé était obligé d'employer la plus grande partie de son temps et de ses forces à défendre sa vie et ses moyens de subsistance, et payait ainsi sa sécurité au taux le plus élevé, l'association lui permit de couvrir à moins de frais les risques de destruction auxquels il était continuellement exposé. Si considérable que fût la prime qu'exigeait l'assurance collective, elle était inférieure à la somme de temps et de forces nécessaire à la défense isolée de sa vie et de ses moyens de subsistance et elle lui procurait une sécurité incomparablement plus complète.

Seulement, cette société d'assurance collective ne pouvait remplir son office qu'à une condition, c'est que ses membres abdiquassent en sa faveur le droit de juger dans leur propre cause quand leur intérêt ou leur passion se trouvait en conflit avec l'intérêt ou la passion d'autrui et renonçassent à employer la force pour exécuter leur verdict; c'est que le jugement individuel fût remplacé par le jugement de la société ou d'un pouvoir émané d'elle et sanctionné par une force suffisante pour surmonter toutes les résistances. Cette justice collective substituée à la justice individuelle impliquait la création d'un code définissant les droits de chacun et établissant une échelle de pénalités pour les atteintes qui y étaient portées, échelle graduée sur la gravité du dommage causé par ces atteintes.

Si imparfaite qu'ait été et que soit demeurée la justice collective, elle a été cependant partout et de tous temps supérieure à la justice individuelle. L'expérience atteste combien l'individu est incapable de juger équitablement dans sa propre cause. L'intérêt ou la passion paralyse chez lui le sentiment de la justice et le pousse à faire prévaloir quand même les prétentions les plus abusives. Ce verdict qu'il prononce sous l'impulsion aveugle de ses instincts ou de ses appétits, il se charge lui-même de l'exécuter. S'il est le plus fort, il l'impose à la partie adverse et celle-ci est obligée de s'y soumettre, eût-elle, de la manière la plus évidente, le droit de son côté. Dans le jugement individuel, l'intérêt ou la passion prime d'habitude la justice, et, dans l'exécution de ce jugement, la force prime toujours le droit.

Il en est de même dans les conflits entre les nations. Chacune prétend être dans son droit, et s'il arrive que des hommes chez lesquels prévaut le sentiment de la justice donnent raison à la partie adverse, la foule, aveuglée par la passion, et les politiciens avides de popularité ne manquent pas de les accuser de trahison envers la patrie. Quand le conflit se résout par une guerre, ceux-là même qui ont condamné comme injuste un verdict dicté par l'intérêt ou la passion, sont obligés de contribuer à son exécution, à moins, chose rare, qu'ils n'aient le courage de briser les liens qui les attachent à la nation, plutôt que d'assumer une part de responsabilité dans l'accomplissement d'une injustice. Enfin, dans la guerre entre deux nations, comme dans la lutte entre deux individus, la victoire appartient au plus fort, si abusif que soit le verdict qu'il lui a plu de rendre. La force prime le droit.

Il s'agit donc de savoir si les nations sont intéressées à continuer à juger souverainement dans leur propre cause et à exécuter elles-mêmes leurs verdicts ? Il faut remarquer d'abord que cette justice autonome leur coûte de plus en plus cher. D'une part, à mesure que les moyens de communication se sont perfectionnés et que l'aire de la sécurité s'est étendue, les relations d'intérêts se sont multipliées entre les nations et avec elles les occasions de conflits. D'une autre part, à mesure que la productivité de leurs industries s'est accrue, grâce au progrès des procédés et de la machinerie de la production, les nations ont pu déployer une somme de plus en plus grande de puissance destructive. Exposées ainsi à des conflits de plus en plus nombreux, avec des adversaires de plus en plus puissants, obligées de recourir à la force chaque fois qu'elles jugeaient, à tort ou à raison, que le droit était de leur côté, ne se trouvaient-elles pas dans la nécessité d'augmenter incessamment la puissance de l'appareil d'exécution de leurs jugements? Sans doute, les classes de la nation auxquelles l'armée et la marine de guerre offrent un débouché avantageux ont poussé, dans un intérêt purement égoïste, à leur accroissement, mais la multitude, qui en supportait le poids croissant, pouvait-elle refuser de pourvoir à des dépenses nécessaires à la protection de ses droits? Pouvait-elle se résoudre, en cas de conflit, à souffrir, sans résistance, les agressions les plus injustes et les plus dommageables, ou s'exposer à une défaite assurée en entreprenant, avec un armement arriéré et insuffisant, une lutte inégale? Son honneur n'était-il pas attaché au maintien de ses droits, et cet intérêt ne devait-il pas l'emporter sur tous les autres ? C'est ainsi que les nations civilisées ont été conduites à augmenter leur puissance destructive dans la mesure du développement de leur puissance productive et même au delà, et qu'en Europe, où leur rapprochement a particulièrement multiplié les conflits, elles sont écrasées aujourd'hui sous le fardeau de la paix armée.

Au moins, ont-elles conservé intact ce droit souverain de juger dans leur propre cause et d'exécuter elles-mêmes leurs verdicts, qui leur coûte de plus en plus cher ? Non ! ce droit n'appartient plus aujourd'hui dans toute son intégrité, et encore ! qu'aux nations les plus puissantes, aux États les plus forts. Quoique les petits États de l'Europe ne consacrent pas à leurs armements des sommes sensiblement inférieures, toutes proportions gardées, à celles des grands, ils ont cessé, en fait, de posséder le droit sinon de juger dans leur propre cause, du moins d'exécuter eux-mêmes leurs jugements. Ces jugements, ils peuvent encore les prononcer, mais les grandes puissances qui constituent ce que l'on a nommé le Concert européen se sont attribué le droit d'en empêcher ou d'en arrêter l'exécution, et, finalement, d'en modifier ou même d'en renverser les termes.

En vertu de quel droit s'est constituée cette association des grandes puissances, sur quoi se fonde le droit d'intervention qu'elle s'est attribué pour empêcher des États indépendants et souverains d'apporter à leur droit de juger dans leur propre cause la sanction de la force? Ce droit d'intervention ne peut évidemment se fonder que sur un droit supérieur à celui des États particuliers, c'est-à-dire sur le droit de la communauté civilisée d'interdire des actes qui lui portent dommage.

Ici, nous nous trouvons en présence d'un fait nouveau, savoir : la solidarité croissante que le développement des industries productives et l'extension de la sphère des échanges ont créée entre les nations. Aussi longtemps que les rapports internationaux, économiques et financiers, n'ont eu qu'une faible importance, cette solidarité est demeurée à l'état embryonnaire. Une guerre ne causait que des dommages locaux dont les neutres ressentaient à peine la répercussion. Il n'en est plus ainsi depuis que les liens multiples de l'échange ont commencé à solidariser les intérêts de tous les peuples de la terre. Toute guerre occasionne aujourd'hui une crise qui porte dommage aux intérêts des neutres aussi bien qu'à ceux des belligérants. De ce dommage, désormais inévitable, est né le droit d'intervention des neutres pour empêcher les États entre lesquels surgit un différend, un procès, de recourir à la guerre pour le vider. Ce droit, les États les plus forts ont commencé à l'exercer à l'égard des plus faibles, c'est-à-dire de ceux dont ils n'avaient point à redouter la résistance. Ils ont annihilé ou tout au moins entamé par là même le droit que possédait tout État indépendant et souverain de juger dans sa propre cause et d'exécuter ses jugements par la force, et, placé ainsi, au point de vue du droit, les petits États dans une situation inférieure à celle des grands. Cette situation inférieure, les petits États en sentiront tôt ou tard l'indignité, mais comment pourront-ils en sortir? Sera-ce en réclamant la restitution de leur droit de guerre? Mais ce droit, ils ne peuvent plus l'exercer sans causer aux neutres des dommages contre lesquels ceux-ci ont le droit de se prémunir et qui donnent en tous cas ouverture à des indemnités. En revanche, si l'exercice du droit individuel de souveraineté, en cette matière, leur est devenu impossible, ils sont fondés à réclamer une participation au droit collectif que se sont attribué les grands États et leur admission, avec une part de droit proportionnée à leur importance, dans le concert européen.

Supposons que ce progrès vienne à se réaliser, — et il se réalisera lorsque l'impossibilité du maintien de l'état de guerre et des armements ruineux qu'il exige deviendra flagrante —, on peut prévoir aisément quel en sera le résultat.

Une association comprenant l'ensemble des États de l'Europe et agrandie plus tard par voie d'annexion, ou d'alliance, avec celles des autres régions du globe, posséderait naturellement une puissance supérieure à celle du plus puissant de ces États; elle pourrait, en conséquence, l'obliger à soumettre ses différends ou ses procès à un tribunal arbitral ou autre et sanctionner les verdicts de ce tribunal par une force à laquelle il ne pourrait songer à résister. Cela étant, le désarmement s'imposerait aux nations comme il s'est imposé aux seigneurs féodaux lorsque les forces collectives de la nation ont été concentrées entre les mains d'un chef, roi

ou empereur, investi de l'exercice de la souveraineté. Alors, l'appareil de guerre pourrait être
réduit dans chaque État au contingent nécessaire
pour assurer la sécurité commune contre les peuples demeurés en dehors de la civilisation. Or,
grâce à la prépondérance qu'ont acquise les nations
civilisées, ce contingent pourrait être réduit dans
des proportions au moins équivalentes à celles de
l'appareil d'assurance de la sécurité intérieure des
États depuis que le droit de se faire justice eux-
mêmes a été enlevé aux individus pour être trans-
féré à un pouvoir émané de la collectivité nationale.

En donnant un aperçu des charges dont la persistance de l'état de guerre accable les peuples civilisés, des dommages directs et indirects dont il
est la source, nous avons fait pressentir l'énorme
économie que leur vaudrait l'avènement de l'état
de paix. Mais cette économie de sang et d'argent
ne sera que le moindre profit qu'ils en tireront. Il
rendra possible une série de progrès qui ouvriront
une phase nouvelle et meilleure de la vie de l'humanité[1].

[1] Appendice note A. *Le Tsar et le Désarmement.*

CHAPITRE II

La constitution libre des nationalités.

Le premier et non le moindre progrès que l'établissement de l'état de paix rendra possible consistera dans la constitution libre des nationalités.

Comme l'histoire tout entière l'atteste, — et il n'est pas inutile de résumer ici ce que nous en avons dit — c'est par la force et non par l'accord libre des parties que les États politiques ont été fondés. Les variétés les plus fortes de l'espèce, — ordinairement des hordes, vivant de chasse et de pillage, — se sont emparées des territoires occupés par les variétés les plus faibles ; ils se les sont partagés et soit qu'ils aient réduit en esclavage la population des pays conquis, soit qu'ils l'aient laissée pourvoir elle-même à sa subsistance sous un régime de servage ou de simple sujétion, ils l'ont contrainte à travailler pour eux. Un État politique n'était, à l'origine, qu'une entreprise d'exploitation agricole et industrielle. Les profits de cette entreprise dépendaient de la capacité de ses propriétaires à la gouverner, de l'activité et des aptitudes productives de la population assujettie, de la fécondité du sol, etc. Ces profits, perçus au moyen de corvées et d'impôts en nature ou en argent, constituaient les revenus des propriétaires et n'avaient d'autre limite que le montant du produit net des industries pratiquées par les esclaves, les serfs ou les sujets. Ils servaient pour une part à la subsistance des propriétaires — nous dirions aujourd'hui des actionnaires — de l'entreprise, et, pour une autre part, à la défense et à l'agrandissement de leur domaine collectif. Comme toute association exploitant une branche quelconque d'industrie, la société propriétaire d'un État avait dû constituer un gouvernement, chargé de la direction de ses différents services. Comme toute autre encore, elle n'avait pour objectif que son intérêt, lequel se résumait dans la conservation et l'augmentation de ses profits. Ceux-ci ne pouvaient s'augmenter que de deux manières : par l'accroissement du produit des corvées et des autres impôts, ou par l'agrandissement du domaine. C'était au second de ces procédés que les sociétés propriétaires des établissements politiques recouraient de préférence, le premier exigeant des aptitudes de bon gouvernement qui leur faisaient le plus souvent défaut. Mais le domaine d'une société ne pouvait être agrandi qu'aux dépens de celui d'une autre. Dans cet état des choses, la guerre s'imposait : les sociétés qui y excellaient reculaient les limites de leur territoire et augmentaient le nombre de leurs sujets, partant, la somme de leurs profits. Elles ne se préoccupaient point de la race, de la langue, des mœurs particulières des populations qui meublaient le pays conquis, pas plus que les industriels et les commerçants ne se préoccupent de celles de leur clientèle. Obéissant exclusivement au mobile de l'intérêt, elles s'appliquaient, sans autre considération, à acquérir les territoires dont la conquête et la conservation leur paraissaient les plus faciles et l'exploitation la plus lucrative. Des populations entièrement différentes de race, de langage et de mœurs entraient ainsi, qu'elles le voulussent ou non, dans le domaine de la société conquérante et n'en sortaient que pour être appropriées à d'autres selon ce qu'en décidaient la fortune de la guerre, ou les arrangements de famille lorsque la propriété d'un établissement politique vint à se concentrer dans une maison souveraine.

Ce mode de constitution des nations et des nationalités ou des « patries » nous semble aujourd'hui barbare, mais, étant données la diversité et l'inégalité des races humaines et les conditions originaires de leur existence, il était non seulement le seul possible, mais encore le seul utile, le seul qui pût préserver de la destruction les variétés les plus faibles de l'espèce. Si les plus fortes n'avaient pas trouvé plus de profit à assujettir les plus faibles et à vivre d'une manière permanente de l'exploitation de leurs facultés productives, qu'à continuer à les massacrer et à les piller, comme le faisaient naguère encore les Turcomans et les Bédouins, si elles n'avaient pas été intéressées ainsi à protéger les races incapables de se protéger elles-mêmes, la civilisation n'eût pas été possible. Mais du moment où les plus forts ont trouvé dans l'exploitation du travail des plus faibles des profits supérieurs à ceux de l'industrie destructive des razzias, les industries productives ont pu subsister et se développer. Si élevé, si excessif même que fût le prix dont les producteurs payaient leur sécurité aux sociétés d'hommes forts auxquelles ils étaient appropriés, à titre d'esclaves, de serfs ou de sujets, ils trouvaient cependant, de leur côté, profit à cet échange forcé de services.

Cette appropriation des plus faibles aux plus forts était complète et il était utile qu'elle le fût pour intéresser au plus haut point leurs propriétaires à les défendre. Le droit de propriété des maîtres de l'État sur les populations qu'ils avaient assujetties impliquait naturellement le droit de les céder, de les échanger, quelle que pût être leur répugnance à changer de maîtres. A la vérité, un changement de domination ne modifiait guère d'habitude leur condition : soit par insouciance, soit en vue de s'attacher leurs nouveaux sujets, les conquérants respectaient volontiers leurs institutions locales et leur laissaient l'usage libre de leur langue ; ils se contentaient,— ce qui était pour eux l'essentiel, — de percevoir les impôts en nature ou en argent qui étaient fournis à leurs prédécesseurs, le plus souvent sans les aggraver ; parfois même, ils les réduisaient, au moins d'une manière temporaire.

Sous ces divers rapports, les conquérants modernes se montrent moins libéraux que ne l'étaient leurs devanciers, et, chose curieuse, ce recul dans le traitement des populations conquises a été provoqué par le progrès qui a étendu aux sujets les droits des maîtres. En vertu de la nouvelle théorie de la souveraineté, la propriété et l'exploitation de l'État, concentrées jusque-là entre les mains de l'oligarchie issue de la conquête et gérées par une « maison », ont été attribuées à la nation. Seulement, la nation ayant été déclarée, en vertu de la même théorie « une et indivisible », les sujets devenus souverains ne sont pas plus libres de se séparer d'elle qu'ils ne l'étaient auparavant. En revanche, la nation, de son côté, ne peut pas davantage se séparer d'eux ; il lui est interdit de les échanger ou de les vendre ; elle ne peut les céder à moins d'y être contrainte par la force, encore a-t-elle, dans ce cas, le devoir de les reconquérir à la première occasion favorable.

De cette théorie de la souveraineté, on a tiré deux conséquences, d'ailleurs complètement contradictoires. La première, c'est qu'une population qui a cessé d'être sujette, qui se possède elle-même, ne peut être séparée d'une nation et annexée à une autre sans son consentement. On a donc consulté les Belges lorsque leur territoire a été conquis par les armées de la République, les Savoisiens et les Niçois lorsqu'ils ont été cédés à la France, en récompense de sa coopération à l'unité italienne. Mais, la seconde conséquence, tirée celle-ci de l'indivisibilité de la nation, a été de leur refuser le droit de s'en séparer, et ce refus a été sanctionné par des pénalités rigoureuses, comme si la liberté d'entrer dans une nationalité n'impliquait pas celle d'en sortir. Les États-Unis ont interprété et appliqué de la même manière la théorie moderne de la souveraineté. Les colonies anglaises étaient entrées librement dans l'Union, mais lorsque les États du Sud ont voulu en sortir, les États du Nord les ont contraints *manu militari* à y rester. En fait donc, la liberté des populations volontairement unies ou annexées se réduit au droit de changer de sujétion : elles étaient sujettes d'une oligarchie représentée par un monarque plus ou moins absolu ; elles sont devenues sujettes d'une nation représentée par un gouvernement constitutionnel ou républicain. Les individus qui les composent ont acquis, en revanche, une part de la souveraineté de la nation, un trente-huit millionnième en France, mais on conviendra que la compensation est mince.

Cette participation infinitésimale à la souveraineté a-t-elle été une protection suffisante pour les droits des individus et même des collectivités particulières? Il est permis d'en douter. En France, par exemple, elle n'a pas empêché le gouvernement, plus ou moins correctement délégué à l'exercice de la souveraineté, d'imposer un régime uniforme à toutes les régions du domaine national, sans s'inquiéter de la diversité des populations, — ceci sous prétexte de fortifier la nationalité en l'unifiant, en réalité pour assurer et faciliter l'exercice de son pouvoir souverain.

Les États, tels que la Russie et l'Allemagne, où subsiste encore, au moins dans ses dispositions essentielles, la vieille théorie de la souveraineté, ne reconnaissent point aux populations qu'ils s'annexent le droit de disposer d'elles-mêmes, fût-ce dans la faible mesure qui leur est accordée par la nouvelle. Le gouvernement russe s'est gardé de consulter les Polonais lorsqu'il s'est annexé la

Pologne, et le gouvernement allemand n'a pas demandé davantage aux Alsaciens et aux Lorrains s'il leur convenait ou non d'abandonner la patrie française pour s'unir à la patrie allemande. En revanche, ces gouvernements de l'ancien régime ont trouvé avantage d'emprunter à ceux du nouveau leurs pratiques d'unification et d'assimilation. Au lieu de laisser aux populations annexées leur législation, leur système fiscal et leur langue, ils ont entrepris de se les assimiler, en leur imposant des institutions auxquelles elles répugnaient et une langue qu'elles ignoraient, sans se demander si ces procédés despotiques et brutaux n'auraient pas, au contraire, pour effet, d'exaspérer les répugnances à l'assimilation et à l'unification.

Cependant, ce mode d'agrandissement des États et d'extension des nationalités, quelque offensant qu'il puisse être pour les sentiments des populations, auxquelles il commande, sous les pénalités les plus dures, de transférer leur amour et leur fidélité d'une patrie à une autre, ce mode d'agrandissement, disons-nous, n'en a pas moins sa raison d'être dans les nécessités de l'état de guerre.

Aussi longtemps que l'état de guerrre subsiste,

il impose à toutes les nations l'obligation de porter au plus haut point leur puissance destructive et productive, sous peine de succomber dans des luttes toujours possibles. Comme nous l'avons remarqué, l'accroissement de leur puissance ne peut provenir que de deux sources : 1° d'une augmentation intérieure de population et de richesse ; 2° d'une extension de territoire, — à la condition toutefois que les frais d'acquisition et de conservation qu'elle exige ne dépassent pas la somme des ressources supplémentaires qu'elle procure à l'État conquérant. On conçoit donc que l'intérêt même de sa conservation détermine un État à agrandir son domaine territorial par voie de conquête et lui commande, à plus forte raison, d'empêcher une sécession qui aurait pour résultat, non seulement de lui enlever un contingent de forces, mais encore, dans bien des cas, de le tourner contre lui. Supposons que la Pologne vienne à se séparer de la Russie, ne pourra-t-il pas arriver, dans le cas d'une guerre germano-russe, qu'elle joigne ses forces à celles de l'Allemagne ? De même, l'Irlande indépendante ne deviendrait-elle pas une place d'armes au service des ennemis de l'Angleterre ? Il y a, comme on le voit, une incompatibilité manifeste entre l'état de guerre et l'exercice du droit d'entrer ou de refuser d'entrer dans une nationalité et d'en sortir. Aussi la France, après avoir proclamé solennellement le principe de ces deux droits, n'a-t-elle accordé la pratique du premier aux Belges, aux Savoisiens et aux Niçois qu'avec les précautions nécessaires pour en assurer le résultat, et s'est-elle gardée d'en faire part aux Arabes, aux Cochinchinois et aux Malgaches. Quant à la pratique du second, elle l'a interdite à ses sujets anciens aussi bien qu'aux nouveaux.

Or, cette servitude que l'état de guerre n'a pas cessé d'imposer et qui a paru particulièrement intolérable lors de l'annexion de l'Alsace-Lorraine à l'Allemagne, n'aurait plus de raison d'être sous un régime d'assurance collective de la paix. Les États civilisés, petits ou grands, se trouvant désormais garantis contre toute agression par une puissance supérieure à celle de l'État le plus puissant, chacune des parties constitutives d'une nationalité pourrait disposer d'elle-même, suivant ses affinités ou ses convenances, sans que la nation dont elle se séparerait pût opposer à l'exercice de son droit de sécession, l'intérêt de la conservation des autres parties. La classe gouvernante résisterait peut-être à l'exercice d'un droit qui menacerait de diminuer sa clientèle et l'empêcherait de favoriser les éléments ethniques les plus nombreux d'une population composée de races ou de variétés différentes, aux dépens des moins nombreux, mais cette résistance qui ne serait plus fondée sur un intérêt supérieur de conservation de l'État perdrait sa force en perdant sa raison d'être, et l'opinion ne manquerait pas d'en faire justice.

Alors disparaîtraient les conflits intérieurs causés par les différences de race, de mœurs et de langue. Constituées librement, suivant leurs affinités naturelles, composées d'éléments homogènes ou sympathiques et placées sous un régime approprié à toutes leurs parties, les nationalités acquerraient toute leur puissance de développement matériel et moral. Aux divisions et aux haines que suscitent les privilèges accordés à un élément de population aux dépens des autres, dans une nation que la force seule maintient unie, succéderait une unité fondée sur l'accord des volontés et l'amour commun d'une patrie librement choisie.

CHAPITRE III

La constitution libre des gouvernements et leurs attributions naturelles.

La souveraineté politique découlait, comme nous l'avons vu, du droit de propriété. La société guerrière qui avait fondé un établissement politique en s'emparant d'un territoire et en assujettissant sa population était propriétaire des hommes et des choses, et pouvait en user à son gré. Les nécessités de la conservation de l'État, sous la pression de la concurrence politique et guerrière, ayant fait concentrer l'exercice de la souveraineté entre les mains d'un chef héréditaire, il put dire comme Louis XIV : l'État, c'est moi. S'il octroyait à ses sujets certains droits, tels que le droit de travailler, d'échanger, de léguer et certaines garanties de propriété et de liberté, c'était de sa libre volonté et il était toujours le maître de les leur reprendre. Il se réservait, en tout cas, un droit illimité de réquisition sur leur vie, leur propriété et leur liberté, sauf à n'en user qu'autant qu'il le jugeait nécessaire pour le salut ou simplement pour le bien de l'État. Ce droit illimité, afférent à la souveraineté, a passé à la nation dans les États modernes et elle le délègue à son gouvernement. Il avait sa raison d'être dans le risque illimité de destruction ou de dépossession auquel la concurrence politique et guerrière exposait la société propriétaire d'un État, et cette raison d'être, quoique singulièrement affaiblie depuis que la conquête n'implique plus qu'un simple changement de sujétion et un dommage plutôt moral que matériel, subsiste néanmoins et continuera de subsister aussi longtemps que les nations seront obligées de recourir à la force pour se préserver d'une agression ou faire prévaloir, dans leurs différends, ce qu'elles considèrent comme leur droit.

Mais supposons que leur sécurité et leurs droits cessent d'être menacés, supposons qu'une assurance collective vienne à remplacer pour les nations l'assurance isolée comme elle l'a remplacée pour les individus, aussitôt la situation change, le risque illimité qu'implique la guerre disparaît et avec lui la nécessité de conférer au gouvernement chargé de garantir la sécurité de la nation un droit illimité de réquisition sur la vie, la propriété et la liberté individuelles. Dans ce nouvel état des choses, les charges et les servitudes que le service de la sécurité nationale impose à l'individu n'ont plus rien d'incertain et d'aléatoire ; on peut les évaluer et les fixer car ce service se réduit :

1° A participer à l'assurance de la communauté civilisée contre les agressions des hordes barbares ou des États appartenant à une civilisation inférieure et demeurés en dehors de l'assurance collective. Or, la prépondérance que les nations civilisées ont acquise, grâce à l'accroissement extraordinaire de leur puissance destructive et productive, est telle que le risque qu'elles peuvent courir de ce chef est devenu insignifiant et qu'il suffirait d'une centaine de mille hommes pour préserver de toute atteinte les frontières du monde civilisé ;

2° A maintenir sur pied, au service de la collectivité, un contingent de forces suffisant pour assurer l'exécution des verdicts de la justice internationale, dans le cas où l'État contre lequel la sentence aurait été rendue refuserait de s'y soumettre et recourrait à la force pour faire prévaloir ce qu'il croirait être son droit. Mais une association ayant pour objet d'assurer collectivement la sécurité des nations exigerait de chacune la renonciation au droit de juger dans sa propre cause et d'exécuter ses verdicts par la force. Cette renonciation est déjà imposée à tous les membres de la nation comme une condition *sine qua non* de la garantie de leur sécurité. Le plus grand nombre d'entre eux s'y soumettent : seuls, les malfaiteurs et les duellistes s'y dérobent, les premiers, parce qu'ils obéissent aveuglément à leur cupidité ou à des passions qui ne peuvent se satisfaire qu'aux dépens d'autrui, les seconds parce qu'ils estiment que la justice collective ne leur fournit pas une réparation adaptée à certaines offenses. Sans reconnaître à ceux-ci un droit qui serait la négation du sien, le pouvoir chargé de la sécurité publique en tolère généralement l'exercice. Il se livre, en revanche, à la poursuite incessante des malfaiteurs, et il assure, à la vérité d'une manière imparfaite, la vie et la propriété individuelles au moyen d'une police relativement peu nombreuse. Des États civilisés ne pourraient être assimilés à des malfaiteurs, mais peut-être des instincts belliqueux et quelque fausse notion de l'honneur national les pousseraient-ils à se comporter comme des duellistes. Dans ce cas, il y aurait lieu de recourir à la force collective pour leur remettre en mémoire leur renonciation au droit de se faire justice eux-mêmes, et les obliger à conserver la paix. Toutefois, la puissance de la collectivité dépassant celle de ses membres les plus puissants, ce recours cesserait bientôt d'être nécessaire. Alors chacun des États associés pourrait congédier le contingent de forces destiné à assurer l'exécution des arrêts de la justice internationale, la puissance morale de l'opinion suffirait. La garantie de la sécurité extérieure et de la paix intérieure de la communauté civilisée n'exigerait plus qu'une contribution minime et toujours décroissante, imposée aux membres des États associés.

Or, du moment où l'intérêt supérieur de la conservation de la nation cesserait de commander l'attribution au gouvernement d'un droit illimité sur la vie, la propriété et la liberté individuelles, il deviendrait possible d'établir une limite exacte et infranchissable entre les droits du gouvernement et ceux de l'individu. Cette limite serait déterminée et marquée, comme nous l'allons voir, par la nature et les conditions nécessaires de la production des services publics.

Quels sont ces services ? Qu'est-ce qui les différencie de ceux que l'individu demande à l'industrie privée ?

Les services qui constituent les attributions naturelles des gouvernements sont de deux sortes : généraux et locaux. Les premiers sont du ressort du gouvernement proprement dit, les seconds appartiennent aux administrations provinciales et communales. — Le service principal qui incombe au gouvernement consiste dans l'assurance de la sécurité extérieure et intérieure de la nation et de l'individu. Ce qui caractérise ce service et le différencie de ceux de l'industrie privée, c'est qu'il est *naturellement collectif.* — Un appareil de guerre assure toute la population d'un pays contre le péril d'une invasion étrangère, et un poste de police garantit la sécurité de tous les habitants d'un quartier, comme une digue protège contre l'inondation tous les riverains d'un fleuve. Cela étant, il est juste et nécessaire que les consommateurs de ces services naturellement collectifs en paient, collectivement aussi, les frais, en proportion de la valeur des biens garantis. Si l'un d'entre eux se refusait à fournir sa quote-part de ces frais, ce serait aux dépens des autres assurés dont la contribution devrait être augmentée d'autant. Mais nous n'avons pas besoin de dire que ce caractère de collectivité n'appartient qu'à un petit nombre d'articles. Tandis qu'un poste de police procure de la sécurité à l'ensemble des habitants d'un quartier, il ne suffit pas d'établir une boulangerie pour apaiser leur faim. C'est que le pain, comme les autres aliments, les vêtements, etc., etc., est un article de consommation naturellement individuelle, et la sécurité un article de consommation naturellement collective.

En supposant donc que la sécurité extérieure des nations civilisées soit assurée par leurs forces associées au lieu de l'être par leurs forces isolées, les fonctions naturelles et essentielles de leurs gouvernements se réduiront : 1° à participer à la défense commune de l'association et au maintien de la paix entre ses membres ; 2° à pourvoir à l'assurance de la sécurité intérieure et aux autres services naturellement collectifs.

CHAPITRE IV

La constitution libre des gouvernements et leurs attributions naturelles (suite).

Comment et à quelles conditions les gouvernements pourront-ils pourvoir au maintien de la paix internationale et à la production de la sécurité intérieure, voilà ce qu'il s'agit maintenant d'examiner.

Du moment où les nations seront libérées de la servitude que leur impose encore l'état de guerre, où leurs parties constitutives pourront se séparer pour former de nouveaux groupements ou constituer des États autonomes, les risques de révolution et de guerre civile qui naissent d'une union forcée d'éléments hétérogènes et incompatibles disparaîtront, et avec eux les motifs ou les prétextes d'un appel à une intervention étrangère. L'association des États n'aura donc à s'occuper que des dissentiments et des procès qui pourront survenir entre ses membres, à en saisir les tribunaux institués *ad hoc*, lesquels appliqueront à la solution de ces différends et de ces procès les mêmes principes de droit qu'ils appliquent à ceux qui se produisent entre les individus, enfin à sanctionner au besoin par la force les arrêts de la justice internationale. Ainsi se trouvera assurée, avec un maximum d'efficacité et un minimum de frais, la sécurité extérieure des nations associées.

La production de la sécurité intérieure implique des conditions analogues et qui dérivent de la nature de ce service.

Nous les avons ainsi résumées dans une de nos premières publications :

« Pour être en état de garantir aux consommateurs pleine sécurité pour leurs personnes et leurs propriétés, et, en cas de dommage, de leur distribuer une somme proportionnée à la perte subie, il faut :

« 1° Que le producteur établisse certaines peines contre les offenseurs des personnes et les ravisseurs des propriétés, et que les consommateurs acceptent de se soumettre à ces peines, au cas où ils commettraient eux-mêmes des sévices contre les personnes et les propriétés ;

« 2° Qu'il impose aux consommateurs certaines gênes, ayant pour objet de lui faciliter la découverte des auteurs de délits.

« 3° Qu'il perçoive régulièrement, pour couvrir ses frais de production ainsi que le bénéfice naturel de son industrie, une certaine prime, variable selon la situation des consommateurs, les occupations particulières auxquelles ils se livrent, l'étendue, la valeur et la nature de leurs propriétés [1]. »

A quoi il faut ajouter l'interdiction de juger dans sa propre cause et de se faire justice soi-même.

La production de la sécurité intérieure exige donc un ensemble de lois, un « code » spécifiant et définissant les atteintes aux personnes et aux propriétés avec les pénalités nécessaires pour les réprimer ainsi que d'autres lois établissant les servitudes et les charges non moins nécessaires pour rendre cette répression possible.

L'exécution de ces lois et conditions de la pro-

_____

[1] *La production de la sécurité. Journal des Économistes*, n° du 15 février 1849. Reproduit dans les *Questions d'économie politique et de droit public*, t. II, p. 245.

duction d'un service indispensable à la conservation de toute société, nécessite encore :

1° L'institution d'une justice ayant en premier lieu pour mission d'ordonner la recherche des auteurs présumés des délits et des crimes commis contre les personnes et les propriétés, de constater s'ils sont innocents ou coupables, et, dans le cas de culpabilité, de leur appliquer les pénalités édictées par le code; en second lieu, de juger les différends et les procès;

2° L'institution d'une police chargée de la découverte et de la poursuite des auteurs des délits et des crimes; ensuite, de l'exécution des pénalités répressives.

Telles sont les différentes parties de l'organisme de la production de la sécurité intérieure et les conditions de son fonctionnement. Cet organisme nécessaire existe déjà au sein des sociétés les plus voisines de l'animalité, mais on sait combien il est demeuré imparfait, même chez les plus avancées en civilisation. La cause de son imperfection n'est pas difficile à découvrir : elle réside dans l'état de guerre et les conditions d'existence qu'il a faites aux gouvernements, producteurs de sécurité.

Investis de l'exercice du pouvoir souverain de la société propriétaire d'un territoire conquis et de la population qui le meublait, le gouvernement ne devait aucun service de sécurité ou autre à cette population appropriée, pas plus qu'un propriétaire de bétail n'en doit à ses bœufs ou à ses moutons. Mais il y avait cette différence entre une population appropriée à la suite d'une conquête ou du transfert de la propriété d'un territoire par héritage, achat ou échange, et un troupeau de bœufs et de moutons, qu'on pouvait craindre qu'elle ne se révoltât contre ses maîtres, tandis qu'on n'avait pas à redouter une révolte du bétail. Le gouvernement de la société propriétaire de l'État pouvait craindre encore qu'il ne se formât au sein même de cette société des complots pour lui enlever le pouvoir. Le soin de sa sûreté qu'il ne séparait point de celle de l'État lui-même, lui commandait donc de pourvoir, avant tout, à ce double péril. Il y pourvoyait d'abord, en plaçant sous sa dépendance l'appareil de la justice aussi bien que de la police et en lui assignant pour fonction principale la répression des atteintes à sa domination, la découverte des menées de ses rivaux et la surveillance des actes et même des paroles des mécontents ; ensuite, en interdisant de constituer sans son autorisation tout groupement de forces qui aurait pu devenir un foyer de résistance ou de révolte, en soumettant à son contrôle les associations qu'il autorisait, en limitant leur durée et en se réservant toujours le droit de les dissoudre. Cependant, si sa sécurité était la première et la plus constante de ses préoccupations, il lui importait aussi de garantir dans quelque mesure la vie et la propriété individuelles, car l'absence de cette garantie empêchait tout développement des industries dans lesquelles l'État puisait ses revenus. Mais c'était là, surtout pour les gouvernements dont l'existence était précaire, un objet secondaire. Ce qui l'attesterait au besoin, c'est que les pénalités établies pour assurer la sécurité des détenteurs et des agents du pouvoir souverain étaient bien autrement rigoureuses que celles qui avaient simplement pour objet de garantir la vie et la propriété des sujets.

Lorsque les nations eurent cessé d'être appropriées à une société ou à une maison souveraine, on put croire que cet état de choses allait changer du tout au tout. Le gouvernement que la nation,

maintenant en possession d'elle-même, instituait ou
acceptait lui devait les services pour lesquels elle
s'imposait les charges et les servitudes nécessaires,
il devait encore s'appliquer à les améliorer et à en
réduire les frais. Mais l'état de guerre continuant
de subsister, la sécurité de la nation continuait
aussi à passer avant celle de l'individu et, au lieu de
diminuer de prix, elle coûtait de plus en plus cher
à mesure que s'accroissait la puissance productive
et destructive des nations entre lesquelles pouvaient chaque jour éclater des conflits. D'un autre
côté, sous le nouveau régime plus encore que sous
l'ancien, la possession devenue précaire du pouvoir
est l'objet de compétitions ardentes et peu scrupu-
leuses sur le choix des moyens de l'atteindre. Le
gouvernement doit donc aviser à se protéger lui-
même avant de s'occuper de la protection des
gouvernés. Enfin, les partis qui se bornent à
employer les moyens légaux pour s'emparer du
pouvoir ou pour le conserver sont obligés de grossir incessamment ce qu'on pourrait appeler le fonds
des salaires politiques, c'est-à-dire le nombre des
emplois, partant, des attributions de l'État. Constamment préoccupés d'assurer la sécurité de la

nation, plus préoccupés encore du soin de garantir la leur, chargés d'ailleurs de fonctions multiples et disparates, les gouvernements modernes peuvent de moins en moins suffire à leur tâche, et l'on s'explique ainsi l'imperfection grossière du service qui est en réalité aujourd'hui le plus important de tous : la protection de la vie et de la propriété individuelles.

Mais supposons que l'état de paix succède à l'état de guerre, que la sécurité extérieure des nations soit assurée par leur association collective et qu'elles puissent en conséquence se constituer librement, que les gouvernements soient réduits à leurs attributions naturelles, on verra se réaliser, sous l'impulsion de la concurrence, dans la production de ce service essentiel, des progrès qui sembleraient aujourd'hui chimériques.

Dans ce nouvel état des choses, une première question se posera, celle de savoir s'il est plus avantageux pour une nation d'entreprendre elle-même la production de la sécurité dont elle a besoin ou d'en charger une « maison » ou une compagnie possédant les ressources et la capacité techniques qu'exige ce genre d'industrie. L'expérience ayant suffisamment démontré l'infériorité économique de la production dite en régie, on peut prévoir que la nation contractera de préférence, par l'entremise de délégués ou autrement, avec la maison ou la compagnie qui lui offrira les conditions les plus avantageuses et les garanties les plus sûres pour la fourniture de cet article de consommation naturellement collective.

Ces conditions ne différeront, théoriquement du moins, de celles du régime actuel de production de la sécurité que sur un point, mais sur un point essentiel, savoir : l'obligation imposée à l'assureur de payer aux assurés, victimes des atteintes à la vie ou à la propriété, des indemnités proportionnées au dommage causé, sauf recours aux auteurs de ces atteintes. Encore cette condition ne serait-elle pas entièrement nouvelle. Dans l'état actuel de la législation, le droit à une indemnité est reconnu aux victimes d'un pillage. Les gouvernements des États civilisés exigent, en vertu du même principe, une indemnité dans le cas d'un assassinat ou même d'un sévice moindre commis sur un de leurs sujets dans un pays appartenant à une race inférieure ou réputée telle, tout en s'abstenant de l'ac-

corder chez eux. On appréciera toute l'importance
de cette condition si l'on songe qu'elle intéressera
plus qu'aucune autre les gouvernements à perfectionner leur appareil de recherche et de répression
des atteintes à la vie et à la propriété individuelles.

Quant aux conditions qui concernent le prix de
la sécurité et les servitudes qu'elle nécessite, elles
différeront d'un pays à un autre, selon le degré de
moralité et de civilisation de la population, selon
encore les difficultés plus ou moins grandes de la
répression. En ce qui concerne le jugement des
délits et des crimes, l'assureur et la collectivité
assurée seront également intéressés à ce qu'il
émane d'une justice éclairée et impartiale. Comme
le constatait Adam Smith, la concurrence a déjà
résolu ce problème [1]. Il n'est pas douteux que des
compagnies judiciaires pleinement indépendantes
et concurrentes le résoudront de même dans l'avenir.

[1] Les honoraires de cour, dit Adam Smith (*Richesse des Nations*, liv. V, chap. 1er), paraissent avoir été originairement le
principal revenu des différentes cours de justice en Angleterre.
Chaque cour tâchait d'attirer à elle le plus d'affaires qu'elle pouvait, et ne demandait pas mieux que de prendre connaissance
de celles mêmes qui ne tombaient point sous sa juridiction. La
cour du banc du roi, instituée pour le jugement des seules

causes criminelles, connut des procès civils, le demandeur prétendant que le défendeur, en ne lui faisant pas justice, s'était rendu coupable de quelque faute ou malversation. La cour de l'Échiquier, préposée pour la levée des dossiers royaux et pour contraindre à les payer, connut aussi des autres engagements pour dettes, le plaignant alléguant que, si on ne le payait pas, il ne pourrait payer le roi. Avec ces fictions, il dépendait souvent des parties de se faire juger par le tribunal qu'elles voulaient, et chaque cour s'efforçait d'attirer le plus de causes qu'elle pouvait au sien, par la diligence et l'impartialité qu'elle mettait dans l'expédition des procès. L'admirable constitution actuelle des cours de justice, en Angleterre, fut peut-être originairement, en grande partie, le fruit de cette émulation qui animait ces différents juges, chacun s'efforçant à l'envi d'appliquer, à toutes sortes d'injustices, le remède le plus prompt et le plus efficace que comportait la loi.

CHAPITRE V

La constitution libre des gouvernements et leurs attributions naturelles (suite).

En possession d'un pouvoir illimité sur la personne et les biens de leurs sujets, les gouvernements de l'ancien régime étaient naturellement tentés d'abuser de ce pouvoir. Ils en abusaient pour satisfaire leur intérêt immédiat et celui de la société politique et guerrière dont ils étaient les mandataires. Mais si ces deux intérêts les excitaient à augmenter les charges et servitudes de la multitude assujettie, ils ne les poussaient point à s'emparer des industries d'où elle tirait ses moyens d'existence et les leurs. Cela tenait surtout à ce que l'oligarchie propriétaire de l'État limitait communément son débouché aux fonctions gouvernantes, militaires et civiles. Elle n'avait, en conséquence, aucun intérêt à s'emparer d'industries réputées inférieures et qui l'étaient, en effet, dans cette période de l'existence de l'humanité. Elle pressait seulement sur le gouvernement pour le déterminer à agrandir, par la conquête de nouveaux territoires et de nouveaux sujets, le débouché qui lui était propre. Les gouvernements de l'ancien régime n'empiétaient donc que rarement sur le domaine de l'activité privée. S'ils se réservaient la production de certains articles, tels que la monnaie, le sel, le tabac, c'était uniquement dans un but fiscal ; encore, ces monopoles, ne les exerçaient-ils pas eux-mêmes ; ils les affermaient comme la plupart des autres impôts, l'expérience leur ayant démontré que l'affermage était plus productif que la régie.

Cet état de choses a complètement changé depuis que l'extension de la sécurité, et les progrès de l'industrie et du commerce qui en ont été la conséquence, ont fait surgir une classe moyenne, nombreuse et puissante, qui participe au gouvernement, et dont l'influence politique est même devenue prépondérante chez les nations les plus avancées. C'est principalement au sein de cette classe que se recrutent les partis qui se disputent la possession du gouvernement. De plus, c'est un fait d'observation que dans les pays mêmes où l'ancienne oligarchie propriétaire de l'État a conservé la prépondérance, où elle continue à fournir la grande majorité du personnel politique, militaire et administratif, ses intérêts ont changé de nature et se sont rapprochés de ceux de la classe moyenne. Les progrès qui ont rendu les guerres plus coûteuses et moins productives, partant plus rares, ayant diminué les profits qu'elle en tire, elle a dû chercher des compensations à cette perte par l'accroissement de ses revenus fonciers, sa participation aux entreprises industrielles et son accession à des fonctions qu'elle dédaignait auparavant. Les partis politiques recrutés dans ces deux classes n'ont pu conquérir le pouvoir ou le conserver qu'à la condition de se mettre au service de leurs intérêts ou de ce qu'elles croyaient être leurs intérêts. Aux propriétaires fonciers et aux industriels ils ont fourni des protections et des subventions en échange de leurs votes, à tous les fils de famille qui manquaient de l'énergie nécessaire pour se créer une situation par eux-mêmes, des fonctions publiques, civiles ou militaires. De là le poids énorme et toujours croissant dont le militarisme, l'étatisme et le protectionnisme accablent la multitude qui en supporte les frais.

Essayons de donner une idée de ce que lui coûte l'abus du pouvoir illimité que possèdent les gouvernements sur la vie et la propriété individuelles et qu'ils mettent au service des classes dont ils dépendent. Si l'on considère les deux gros chapitres des budgets de la généralité des États civilisés, ceux de la guerre et de la dette, on constate, non sans surprise, qu'ils absorbent les deux tiers des revenus publics. Sans doute, il faut, sous le régime actuel de l'assurance isolée, que chaque nation se prémunisse contre le risque de guerre, mais n'est-il pas manifeste que la prime qu'elle paie de ce chef dépasse le risque ? Si des millions d'hommes sont soumis en Europe à la servitude militaire, n'est-ce pas surtout parce que les armées offrent un débouché avantageux aux professionnels qui se recrutent, pour le plus grand nombre, dans les familles influentes de l'aristocratie et de la bourgeoisie ? Et la plupart des guerres qui ont ravagé inutilement le monde depuis un siècle ont-elles été entreprises pour satisfaire à la demande de la foule laborieuse qui fournit, qu'elle le veuille ou non, le sang et l'argent nécessaires pour les soutenir? Que l'on calcule enfin ce que coûte le renchérissement des produits et des services que les gouvernements ont enlevés au domaine de l'activité privée : postes, chemins de fer, télégraphes, téléphones, etc., etc., et celui que cause la protection des rentes des propriétaires fonciers, des profits ou des dividendes des entrepreneurs d'industrie et de leurs commanditaires, on trouvera que l'ensemble des frais directs et indirects de gouvernement absorbe au moins la moitié des revenus de la multitude qui vit du produit de son travail quotidien. Sous le régime du servage, elle travaillait trois jours par semaine pour le seigneur ; elle travaille aujourd'hui tout autant pour le gouvernement et ses soutiens privilégiés, quoique les services qu'elle reçoit en échange valent à peine une demi-journée !

Cependant, à mesure que la concurrence internationale ira se développant et fera sentir davantage sa pression dans toutes les parties du marché des échanges, la nécessité de mettre fin à ce système de renchérissement deviendra plus urgente. Sous peine de succomber dans la lutte et de disparaître, les nations concurrentes seront obligées de réduire les attributions de l'État au lieu de les accroître et, finalement, de se borner à charger le gouvernement de la production des services naturellement collectifs de la sécurité intérieure et extérieure.

A ces services qui sont du ressort du gouvernement de l'État se joignent ceux qui appartiennent aux sous-gouvernements des provinces et des communes. Comme le gouvernement de l'État, et sous la pression des mêmes influences, ces sous-gouvernements augmentent continuellement leurs attributions aux dépens de l'activité privée, et le fardeau de leurs budgets locaux s'ajoute à celui du budget général. Ils ne possèdent point, à la vérité, un pouvoir illimité sur la liberté et la propriété individuelles, mais les limites de leur pouvoir ne sont point marquées, et son extension n'est arrêtée, dans quelque mesure, que par le veto du gouvernement de l'État qui les tient dans une dépendance plus ou moins étroite. Seulement, ce veto, il ne l'applique guère que lorsqu'il juge que le pouvoir local empiète sur le sien, et ce que l'on désigne sous le nom de « libertés communales » n'est autre chose que la latitude qu'il laisse aux sous-gouvernements de réglementer la liberté et de taxer la propriété individuelle. En réalité, le domaine des gouvernements locaux est fort étroit, il ne s'étend qu'à un petit nombre de services naturellement collectifs, tels que l'établissement et l'entretien de la voirie, le pavage, l'éclairage, l'enlèvement des immondices, etc., (on n'y doit même pas comprendre la police qui est plutôt du ressort du gouvernement de l'État), et ces différents services locaux, comme les services généraux de la sécurité intérieure et extérieure, peuvent être effectués avec plus d'efficacité et d'économie par des entreprises spéciales que par le gouvernement provincial ou communal lui-même[1].

[1] Voir *Les lois naturelles de l'économie politique*, chap. xiv. La constitution naturelle des gouvernements. La commune. La province. L'État.

CHAPITRE VI

La sujétion et la souveraineté individuelle.

L'appropriation des plus faibles par les plus forts a été, comme nous l'avons vu, une nécessité inhérente à l'état de guerre. Ils fallait que ceux-ci fussent intéressés à protéger ceux-là plutôt qu'à les dépouiller et à les massacrer, et cet intérêt ils ne pouvaient le trouver que dans l'appropriation. Grâce à un ensemble de progrès matériels et moraux et par une série de transitions, l'approprié, esclave ou serf, devint son propre propriétaire, mais s'il était affranchi de la domination d'un maître, il demeurait assujetti comme membre d'une société, d'une nation, à celle du pouvoir chargé par cette société ou cette nation de la préserver du risque de destruction ou d'asservissement qu'impliquait l'état de guerre et investi, à ce titre, d'un droit illimité sur la vie, la liberté et la propriété de ses membres. Cette servitude sans limites annulait, en fait, la souveraineté individuelle. Car l'individu avait beau être déclaré maître souverain de sa vie et de ses biens, il était à la merci du pouvoir investi d'un droit qui primait le sien. C'est pourquoi les individus libérés de cette servitude personnelle, et constituant des nations réputées libres, avisèrent de bonne heure aux moyens de se défendre contre l'abus de ce droit. Ils chargèrent d'abord des mandataires d'en contrôler l'exercice ; ils allèrent ensuite jusqu'à en dépouiller l'oligarchie propriétaire de l'État pour se l'attribuer à eux-mêmes, et en conférer l'exercice à leurs mandataires. Mais ces précautions sont demeurées vaines. L'abus a persisté, autant même dans les pays où le droit illimité sur la vie et la propriété de l'individu appartient à la nation et est exercé par ses mandataires, sous un régime de suffrage universalisé, que dans ceux où il n'a pas cessé d'être concentré entre les mains du chef héréditaire de l'oligarchie propriétaire de l'État.

Le seul remède à cet abus consisterait à limiter la servitude qui pèse sur la souveraineté individuelle et l'annule ; mais ce remède est incompatible avec l'état de guerre. Aussi longtemps que subsistera le risque illimité qu'implique l'état de guerre, il sera nécessaire que le pouvoir responsable de la sécurité de la nation conserve un droit illimité sur la vie et les biens de ses membres.

Mais que l'état de paix vienne à succéder à l'état de guerre, que la sécurité des nations civilisées soit garantie par un pouvoir collectif, émané d'elles, aussitôt la situation change. Ce pouvoir possédant une prépondérance assez grande, sinon pour supprimer le risque de guerre au moins pour le réduire dans des proportions telles qu'il suffise d'une faible prime pour subvenir aux frais de la sécurité collective, la servitude illimitée à laquelle l'individu était assujetti cesse d'avoir sa raison d'être. Elle est remplacée par une servitude limitée à l'obligation de fournir une quote-part minime de la prime d'assurance, part toujours réductible jusqu'à ce que l'extension de la civilisation la rende inutile.

La souveraineté individuelle, voilà donc quelle est, en dernière analyse, la base des institutions politiques de la société future. La souveraineté n'appartient plus à une société propriétaire d'un

territoire et d'une population esclave ou sujette, ou
à une sorte d'entité idéale héritière de l'établissement politique de sa devancière et investie, comme
elle, d'un droit illimité sur la vie, la liberté et la
propriété individuelles. Elle appartient à l'individu
lui-même. Il n'est plus un sujet, il est son maître,
son propre souverain, et il est libre de travailler,
d'échanger les produits de son travail, de les prêter, de les donner, de les léguer, etc., suivant sa
convenance. Il peut employer à son gré les forces
et les matériaux dont il dispose à la satisfaction de
ses besoins physiques, intellectuels et moraux. Cependant, quelques-uns d'entre ces besoins ne peuvent, en raison de leur nature particulière, être
satisfaits isolément, tel est le besoin de sécurité.
Que font les individus, consommateurs de sécurité?
Ils s'associent et forment une collectivité assez
nombreuse pour y pourvoir d'une manière à la fois
économique et efficace. Ils choisissent des mandataires qu'ils chargent de traiter, en faisant appel
à la concurrence, avec une entreprise, — maison
ou société, — réunissant les aptitudes et les capitaux nécessaires à la production de ce service d'assurance. Comme toute autre assurance, celle de la

6·

BIBLIOTHÈQUE NATIONALE

vie, de la liberté et de la propriété individuelles implique des conditions de deux sortes : conditions de prix (paiement d'une prime destinée à couvrir les frais de production de la sécurité avec adjonction d'un profit), conditions techniques (imposition aux assurés des servitudes indispensables à la production de ce service). Ces conditions sont librement débattues entre les mandataires de la collectivité des consommateurs et les entrepreneurs de cette sorte d'assurance. Lorsque l'accord se fait avec l'un d'entre eux, les conditions du marché sont spécifiées dans un contrat, conclu pour un terme plus ou moins long, à la convenance des parties. Il en va de même pour les autres besoins naturellement collectifs, besoins locaux de voirie, de salubrité, etc. La collectivité qui éprouve ces besoins contracte elle-même, si elle est peu nombreuse, ou élit des mandataires qui contractent en son nom, avec une entreprise capable de produire le service dont elle a reconnu la nécessité. Dans ces différents cas, l'individu exerce collectivement sa souveraineté, soit par des mandataires, soit par lui-même, tandis qu'il l'exerce isolément pour la généralité de ses autres besoins.

L'office des mandataires se réduit à la conclusion des contrats ; cet office rempli, leur mandat expire. Cependant, il peut être nécessaire de surveiller l'exécution de ces contrats et d'en modifier les termes quand l'expérience en a montré les défauts ou les lacunes, ou bien encore quand des faits nouveaux apportent quelque changement dans les conditions d'existence de la société. Une délégation permanente des consommateurs de services collectifs peut donc avoir sa raison d'être. Mais il se peut aussi que l'observation des clauses du contrat soit suffisamment garantie par la surveillance de la presse ou des associations librement instituées dans ce but, et que ces clauses n'aient pas besoin d'être modifiées. Dans ce cas, une représentation officielle des consommateurs serait inutile et la collectivité nationale pourrait en faire l'économie.

Si, comme il y a apparence, la production de chacun des services naturellement collectifs était entreprise par une société, celle-ci s'organiserait et se comporterait comme toute autre société industrielle ; elle aurait son conseil d'administration, son directeur chargé d'exécuter les décisions du Conseil et des assemblées générales auxquelles

il serait publiquement rendu compte de ses opérations.

Ainsi se résoudrait économiquement le problème
de la constitution et de la mise en œuvre des services du gouvernement sous un régime d'assurance
collective de la paix.

CHAPITRE VII

L'impôt et la contribution.

Si l'on veut savoir en quoi la contribution diffère
de l'impôt, il faut avoir présent à la mémoire le
mode primitif de constitution des États politiques.
Les associations d'hommes forts qui les avaient fondés étaient obligées de les défendre et intéressées
à les agrandir. Il fallait, en conséquence, qu'elles
missent à la disposition de leur gouvernement le
contingent de forces et de ressources nécessaires
pour assurer la sûreté et, autant que possible, l'accroissement de l'État. Ce contingent se composait
d'hommes aptes au combat, de matériel de guerre
et de subsistances. Il était fourni par la généralité
des membres de la société propriétaire de l'État et
proportionné à la portion de territoire et de population qui avait été attribuée à chacun dans le partage des fruits de la conquête et qui était, elle-

même, proportionnée à la valeur des services rendus par les participants à cette entreprise. C'était la « contribution » et elle était caractérisée par une obligation réciproque ou un contrat synallagmatique entre la société représentée par son gouvernement et chacun de ses membres : la société fournissait aux contribuables les services de sécurité, etc., dont ils avaient besoin ; les contribuables lui fournissaient, en échange, les moyens de production de ses services. Mais où la contribution était-elle puisée ? Pour la plus grande part dans l'impôt. Outre les services personnels que les copartageants du domaine commun devaient en cas de guerre, ils fournissaient un contingent d'hommes et de ressources qu'ils puisaient dans la population assujettie de leur domaine particulier. Cette population, ils la taxaient suivant leur bon plaisir, sans rien lui devoir en échange des produits et des services qu'ils exigeaient d'elle. S'ils pourvoyaient à la subsistance ainsi qu'à l'entretien de leurs esclaves, s'ils protégeaient et assistaient leurs serfs ou leurs sujets, c'était, comme nous l'avons remarqué, sous l'impulsion du même intérêt qui leur faisait pourvoir à la subsistance et à la sécurité de leurs troupeaux. Mais il n'y avait aucune relation et aucune proportion entre l'impôt qu'ils prélevaient sur eux sous forme de corvées et, dans un état économique plus avancé, sous forme de redevances en produits ou en argent, et les services qu'ils leur rendaient.

Ainsi donc, les forces et les ressources qui servaient à alimenter les dépenses de l'État consistaient, d'une part, dans les services personnels des co-partageants du domaine commun; d'une autre part, dans les redevances en travail, en produits ou en argent qu'ils imposaient à leurs esclaves, à leurs serfs ou à leurs sujets. De ces redevances qui constituaient leurs revenus, ils appliquaient une portion à leur propre subsistance et au gouvernement de leur domaine particulier, et une autre portion à la contribution qu'ils devaient à l'État.

Mais, à la suite des temps et sous la pression de la concurrence politique et guerrière, les esclaves, les serfs ou les sujets des domaines seigneuriaux ont été émancipés; ils sont devenus propriétaires de leur personne et des capitaux mobiliers et immobiliers qu'un nombre plus ou moins considérable d'entre eux avaient pu acquérir par leur travail et leur épargne. Dans ce nouvel état des choses, l'impôt que percevaient sur eux leurs seigneurs, et en échange duquel ceux-ci ne leur devaient aucun service, cet impôt discrétionnaire, dont le taux n'était modéré que par l'intérêt bien entendu du pro priétaire et la force de résistance de l'approprié, et limité que par le montant du produit net, aurait dû faire place, d'une part, à la rente afférente au sol et aux immeubles demeurés la propriété du sei geur ; d'une autre part, à une contribution ayant le même caractère que celle que les membres de la société propriétaire de l'État fournissaient à leur gouvernement, fondée comme elle sur un échange de services et proportionnée, comme elle encore, à la part de chacun dans la somme des biens que la puissance sociale, investie dans le gouvernement, servait à garantir. Mais il en alla autrement ; au lieu que la contribution prît la place de l'impôt, ce fut l'impôt qui absorba la contribution. Lorsque les droits afférents à la souveraineté se concentrèrent entre les mains du chef héréditaire de la société propriétaire de l'État, roi ou empereur, les impôts que les seigneurs avaient établis sur leurs sujets, pas sèrent, pour la plupart, entre ses mains. Tels étaient les droits sur les ventes d'immeubles, les droits d'entrée et de passage sur leurs domaines, les monopoles de la monnaie, du sel, etc. En même temps, d'ailleurs, qu'il leur enlevait une portion de leurs revenus, le chef de l'État les exonérait aussi des obligations et des charges qui constituaient leurs contributions à la conservation et à l'accroissement du domaine commun. Ce n'en fut pas moins un recul, en ce que la contribution impliquant un échange de services disparut pour ne laisser subsister que l'impôt établi d'autorité par le roi comme il l'était auparavant par le seigneur. A la vérité, les sujets avaient obtenu déjà dans quelques pays, notamment en Angleterre, le droit de consentir l'impôt, mais il en était autrement en France et dans les autres monarchies du continent, où les anciens compagnons du chef de la « maison » devenue souveraine se trouvaient ainsi réduits à la condition de sujets et, comme tels, imposables à sa discrétion; seulement, ils étaient exemptés de quelques-uns de ceux qu'ils percevaient auparavant, savoir des impôts directs qui frappaient les personnes, mais ils payaient les impôts indirects qui frappaient les choses.

La Révolution française débuta, comme on sait, par l'abolition de ce régime : la déclaration des droits de l'homme porte que « toute contribution est établie pour l'utilité générale ; elle doit être répartie entre les contribuables en raison de leurs facultés ». C'était le retour à la contribution, étendue désormais à toutes les classes de la nation, et la répudiation de l'impôt. Mais pour que cette répudiation passât de la théorie dans la pratique, il aurait fallu que les impôts de l'ancien régime, — impôts auxquels ne correspondaient point des services — fussent abolis pour être remplacés par un système de contributions rattachées chacune à un service. Les révolutionnaires accomplirent, sans peine, la première partie de cette œuvre de réforme, mais ils demeurèrent impuissants à réaliser la seconde, ils se contentèrent de demander au papier-monnaie et à la confiscation des biens de la noblesse et du clergé les ressources dont ils avaient besoin pour subvenir aux dépenses publiques, aggravées par la guerre. Quand ces ressources temporaires furent épuisées, il fallut bien s'en procurer de permanentes. Mais l'état de guerre continuant de subsister, et avec lui la nécessité de pourvoir à des dépenses plus élevées encore que ne l'étaient celles de l'ancien régime, et, par leur nature, illimitées ou, pour mieux dire, limitées seulement par les possibilités fiscales, un système de contributions payées directement par chacun des membres de la nation, rattachées à chaque service, et dont chacun aussi aurait pu mesurer le poids et apprécier l'utilité, devenait inapplicable. On fut donc obligé de rétablir, sinon de toutes pièces, du moins avec de simples modifications qui n'étaient pas toujours des améliorations, les anciens impôts. S'ils ont pu être supportés plus facilement qu'ils ne l'étaient auparavant, ce n'est point grâce à un allégement de la fiscalité (elle s'est au contraire aggravée par l'augmentation progressive des dépenses de guerre et par l'extension du protectionnisme, qui a ajouté aux impôts perçus au profit de l'État d'autres impôts perçus au profit des classes politiquement les plus influentes de la nation), c'est grâce à l'accroissement extraordinaire de la productivité de la plupart des industries, dont le progrès a renouvelé la machinerie et les procédés. On pourrait même soutenir qu'ils n'ont pas cessé de s'éloigner de la justice contributive au lieu de s'en rapprocher. Car, sous l'influence de l'augmentation continue des dépenses de guerre, il a fallu élever partout la proportion des impôts indirects *qu'on ne voit pas*, relativement aux impôts directs *que l'on voit*. Encore la progression des dépenses a-t-elle été plus rapide que celle des recettes, et, dans le plus grand nombre des États civilisés, les déficits doivent-ils être comblés par un recours au crédit. Mais les emprunts, employés généralement à des dépenses de guerre ou de préparation à la guerre, n'ont pas la vertu d'augmenter la puissance productive des nations, tandis qu'ils nécessitent un accroissement du budget des recettes. En France, par exemple, le chapitre du service de la dette a fini par en absorber près du tiers. Et c'est ainsi que s'alourdissent les charges publiques, en même temps que s'affaiblissent les forces nécessaires pour les supporter.

En vain les imposés ont-ils obtenu, au moins dans les pays qualifiés de constitutionnels, le droit de consentir, par leurs mandataires, les dépenses publiques et les impôts nécessaires pour y pourvoir, ce droit n'a opposé aucun frein à la progression continue des dépenses et des impôts. Ce qui

le prouve, d'une manière irrécusable, c'est que
cette progression n'a pas été moins rapide, et, parfois même, l'a été davantage dans les pays où il
existe que dans ceux où il n'existe pas. Et il en
sera ainsi aussi longtemps que les gouvernements
chargés de garantir la sécurité des nations conser-
veront un droit illimité de réquisition sur la vie, la
liberté et la propriété de l'individu.

Mais que l'état de guerre vienne à prendre fin
entre les peuples civilisés, que la sécurité des nations soit garantie par une assurance collective,
que les frais de cette assurance se trouvent réduits
pour l'individu au taux devenu presque infinité-
simal du risque, que la prime nécessaire pour couvrir ce risque cesse d'être aléatoire et puisse être
fixée comme celle de toute autre assurance, ce
droit illimité, fondé sur un risque illimité, perdra
sa raison d'être.

Alors, aux impôts issus de ce droit, possédé
d'abord par le maître sur ses esclaves, par le seigneur sur ses sujets, enfin par la nation sur ses
membres et exercé, de nos jours, par des partis immédiatement intéressés à l'augmentation progressive des dépenses de l'État, impôts sans relations

avec les services qu'ils servent à rétribuer et qui n'ont pour limites que les facultés des imposés, succéderont des contributions rattachées à chacun des services naturellement collectifs, fixées par des contrats conclus entre la collectivité et les maisons ou les sociétés productrices de ces services et que la concurrence réduira au taux le plus bas. Tandis que l'impôt absorbe aujourd'hui une part croissante du revenu de l'individu, la contribution n'en exigera plus qu'une part minime et qui ira décroissant à mesure que la sécurité s'étendra et pourra être produite à meilleur marché.

CHAPITRE VIII

La production des articles de consommation naturellement individuelle.

Dans ce nouvel ordre de choses, la collectivité nationale, librement constituée, contracte avec une maison ou une société pour l'assurance de sa sécurité extérieure et intérieure ; les collectivités provinciales et communales font des contrats analogues pour les services locaux, naturellement collectifs. Les contributions spéciales stipulées dans ces contrats sont perçues directement sur les membres de ces différentes collectivités, auxquels il n'est infligé d'autres gênes et servitudes que celles qui sont nécessaires à la production des services.

D'autre part, l'individu demeure entièrement libre de produire directement lui-même ou de se procurer par voie d'échange les produits et services, de beaucoup les plus nombreux, dont la consom-

mation est naturellement individuelle. Est-il nécessaire de rappeler que la production directe disparaît à mesure que le progrès rend, en comparaison, plus économique la production divisée et
spécialisée ; que celle-ci se constitue naturellement
sous forme d'entreprises ; que les entreprises se multiplient et se développent en raison de l'étendue
de leur débouché, qu'elles se font concurrence, et,
lorsque aucun obstacle naturel ou artificiel ne s'y
oppose, que cette concurrence presse sur chacune
et l'oblige à réduire incessamment ses frais de production. Sous un régime où l'impôt sera remplacé
par la contribution, les obstacles artificiels qu'implique la perception des impôts, perçus soit au profit
de l'État, des provinces et des communes, soit au
profit des particuliers privilégiés (tarifs protectionnistes), ces obstacles non moins nuisibles que les
impôts eux-mêmes disparaîtront. Quant aux obstacles naturels, l'extension de la sécurité, la multiplication et le perfectionnement des moyens de
communication de toute sorte ont commencé à les
supprimer. De toutes les révolutions qui se sont
accomplies au xix⁰ siècle, la plus importante et la
plus féconde en résultats a été celle qui a agrandi

les marchés d'échange et étendu ainsi l'aire de la concurrence. En supposant que rien ne vienne arrêter ce progrès, que dans toutes les branches de l'activité humaine la concurrence puisse se développer sans entraves et acquérir son maximum utile d'intensité et de pression, les entreprises devront, sous peine de ruine, réduire au minimum leurs frais de production, par conséquent s'établir et fonctionner de la manière la plus conforme à la loi de l'économie des forces. Non seulement elles devront employer la machinerie la plus perfectionnée et le personnel le plus capable, mais encore être constituées sous la forme la plus économique et la mieux appropriée à leur destination.

Dans l'état présent des choses, elles rencontrent, sur ces différents points, des obstacles qui enraient ou retardent leurs progrès, au détriment des consommateurs de leurs produits ou services.

Sur des marchés naturellement limités par l'absence ou l'imperfection des moyens de communication et l'extension insuffisante de la sécurité, les entreprises de production ont été, dès l'origine, arrêtées à la fois dans leur multiplication et leur développement. Les forces et les ressources d'une famille, parfois même d'un individu suffisaient à la constitution et à la mise en œuvre d'une entreprise. Cette entreprise, ou cette *maison*, comme on la nommait quand elle avait acquis quelque importance, était dirigée par un entrepreneur disposant du capital nécessaire, soit qu'il le possédât ou qu'il l'eût emprunté moyennant une part éventuelle dans les bénéfices ou un intérêt fixe, et enrôlant des travailleurs auxiliaires, rémunérés communément par une part fixe, avancée et assurée, appelée salaire. L'entreprise réussissait ou échouait, la maison subsistait ou disparaissait selon qu'elle était constituée et gouvernée d'une manière plus ou moins conforme à la loi de l'économie des forces, et, en cela, elle ne différait point des entreprises et des maisons politiques. Ce mode d'organisation de l'industrie est demeuré prédominant jusqu'à nos jours. Mais l'extension des débouchés, et les progrès de la machinerie qui en ont été la conséquence, l'ont rendu insuffisant dans les industries les plus avancées et il est destiné, sinon à disparaître, du moins à n'occuper qu'une place tout à fait secondaire et de plus en plus réduite dans le grand organisme de la production. Aux « maisons », ont commencé déja à succéder les « Sociétés » ou les « Compagnies », et nous verrons plus loin pour quelle cause cette forme nouvelle des entreprises doit finir par remplacer l'ancienne.

Elle aurait prévalu plus tôt si la constitution des grandes agglomérations de forces et de ressources n'avait été, à tort ou à raison, considérée comme dangereuse à la sécurité des établissements politiques sous le régime de l'état de guerre. C'était une maxime de gouvernement qu'on ne pouvait laisser se constituer un État dans l'État. Cette maxime a fini par tomber en désuétude, mais l'intervention des gouvernements en matière d'association a continué de subsister. Nulle part le droit des individus à constituer des associations et à les organiser suivant leur convenance ne s'exerce pleinement. Partout, des « lois sur les associations » réglementent et limitent, en cette matière, la liberté individuelle. De plus, d'autres lois, ayant à la fois un caractère protectionniste et fiscal, protègent les entreprises individuelles, les « maisons » contre les « sociétés » en taxant les revenus perçus sous formes de dividendes, tout en laissant indemnes ceux qui sont perçus sous forme de profits.

Cette intervention réglementaire et protectionniste des gouvernements en matière d'association a eu d'abord pour résultat de faire obstacle à la constitution des sociétés pour des entreprises dépassant les forces et les ressources d'un individu ou même d'une maison. En l'absence de ces sociétés qu'ils empêchaient de naître, par les restrictions et les conditions onéreuses qu'ils leur imposaient, les gouvernements, tant nationaux que municipaux, n'ont pas manqué de mettre la main sur des services en dehors de leurs attributions naturelles, au double détriment des producteurs et des consommateurs. Ensuite, cette même intervention a eu pour résultat de retarder, sinon d'empêcher, la transformation des maisons en sociétés, tant par la taxe protectrice des premières que par l'obstacle que la réglementation des statuts constitutifs des secondes a opposé aux progrès de leur organisation. Comme nous l'avons remarqué ailleurs, cette organisation est demeurée fort imparfaite et son imperfection balance parfois et au delà les avantages que la société présente sur la maison. Si la constitution des sociétés était libre comme celle des entreprises individuelles, la concurrence aurait pu agir pour la perfectionner et la supériorité économique de cette forme des entreprises serait déjà devenue manifeste.

Mais lorsque, d'une part, les débouchés de la production cesseront d'être limités par l'obstacle artificiel des douanes, s'ajoutant à l'obstacle naturel des distances pour compenser son abaissement, lorsque, d'une autre part, la constitution et l'organisation des entreprises seront rendues pleinement libres, la société deviendra la forme prépondérante et on peut ajouter nécessaire des entreprises dans la généralité des branches de la production.

Elle en sera la forme prépondérante parce qu'elle peut, en vertu de sa nature même, réunir, à moins de frais que la maison, le capital indispensable à la production. Elle en sera la forme nécessaire parce qu'elle rendra possible, dans un marché devenu illimité, la solution du problème de l'équilibre de la production et de la consommation [1].

---

[1] Voir les *Notions fondamentales d'économie politique*, 2e partie chap. III. Le progrès de la constitution des entreprises.

CHAPITRE IX

L'équilibre de la production et de la consommation.

Les articles de consommation naturellement individuelle peuvent être produits directement par l'individu même qui en ressent le besoin, ou indirectement, lorsque l'individu produit un article qu'il échange contre celui dont il a besoin. C'est ce dernier mode de production qui tend chaque jour davantage à se généraliser sous l'impulsion de la loi de l'économie des forces. Chacun des articles de consommation est l'objet d'une ou de plusieurs industries particulières, et ces industries se partagent entre un nombre plus ou moins considérable d'entreprises, qui offrent, en concurrence, leurs produits ou leurs services à ceux qui en ressentent le besoin, qui les demandent, en offrant en échange, sinon les produits ou les services des entreprises auxquelles ils coopèrent par leur capital ou leur travail, du moins un équivalent, la monnaie, qui s'échange contre la généralité des produits et services.

A mesure que les progrès que rend possibles la substitution de la production indirecte à la production directe diminuent la somme de forces et de temps nécessaires pour créer un produit, l'homme peut satisfaire un plus grand nombre de besoins, et d'une manière plus complète. Après avoir pourvu aux besoins de première nécessité qui lui sont communs avec l'animalité inférieure, il peut pourvoir à ceux qui l'en séparent. Mais si la production indirecte a permis ainsi à l'homme de s'élever à la civilisation, elle a posé un double problème, dont la solution importe à son bien-être et à son existence même, celui de l'adaptation de la production à la consommation et de la distribution des produits entre les coopérateurs de la production.

La première partie de ce problème se pose aussi sous le régime de la production directe, mais la solution en est relativement facile. Pourquoi l'homme produit-il? Il produit pour satisfaire à un ensemble de besoins de diverses sortes, besoins de nourriture, de vêtements, de logement, besoins intellectuels et moraux. Ces besoins se font concurrence pour demander satisfaction. Comme dans toute concurrence, les plus forts, ceux qui procurent la jouissance la plus intense ou qui épargnent la peine la plus vive, l'emportent. C'est à leur satisfaction que l'individu pourvoit d'abord, et si elle n'a pas exigé toute la somme de forces productives et de temps dont il dispose, il pourvoit ensuite à celle des autres, dans l'ordre de leur intensité, manifestée par le degré de vivacité de leur demande. Cependant, s'il est intelligent et prévoyant, il ne cède point passivement à l'impulsion de ses besoins. Il les gouverne et mesure à chacun la part qu'il juge utile; il règle sa consommation et y adapte sa production. Sans doute, il peut se tromper dans ces deux opérations. Il peut, s'il obéit aveuglément à ses besoins du moment sans se préoccuper des besoins à venir, s'exposer à des souffrances futures autrement vives que ses jouissances actuelles. Il peut aussi se tromper dans le règlement de sa production, ou bien encore être dans l'impossibilité de prévoir la quantité de produits qu'il obtiendra en échange d'une somme donnée de travail et de temps. Si cette quantité est supérieure ou inférieure à ses prévisions et à ses calculs, l'excédent ou le déficit modifie le rapport du produit avec le besoin qu'il est destiné à satisfaire. Dans le premier cas, le pouvoir de satisfaction s'abaisse en raison de la diminution progressive de l'intensité du besoin et de sa disparition finale, tandis que dans le second cas, l'intensité du besoin va croissant en raison de l'insuffisance du produit à le satisfaire. Cette diminution ou cette augmentation du pouvoir de satisfaction, ou, pour nous servir de l'expression économique, de l'utilité du produit n'est pas seulement proportionnelle aux quantités produites et offertes au besoin ; elle est progressive, — la demande se ralentissant pendant que l'offre s'accélère, ou *vice versa*, — et elle détermine, dans le premier cas, la diminution de la production ; dans le second, son accroissement, jusqu'à ce que l'équilibre soit rétabli entre l'offre du produit et la demande du besoin.

Mais sous le régime de la production directe, l'individu connaît ses besoins ; il connaît aussi les quantités qu'il estime nécessaires à leur satisfaction, il peut donc régler sans difficulté sa production en conséquence. Ce règlement utile peut au premier abord sembler impossible sous le régime de la production indirecte. Il s'opère, cependant, avec une précision merveilleuse par l'action régulatrice de la concurrence quand elle n'est pas entravée par des obstacles naturels ou artificiels. Comment agit-elle?

Sous ce régime, l'individu n'entreprend plus de pourvoir lui-même à la satisfaction de l'ensemble de ses besoins. Il se livre isolément ou par voie de coopération à la production d'un article répondant à un besoin quelconque. Cet article est l'objet de la demande de ceux qui éprouvent ce besoin et qui peuvent fournir en échange soit un autre produit, soit l'équivalent échangeable contre la généralité des produits, la monnaie.

Chaque producteur apporte donc ses produits sur un marché où il se rencontre avec ceux qui en ont besoin et qui sont disposés à lui fournir en échange, — pour nous en tenir au fait général, — de la monnaie, autrement dit, qui les demandent. Quel est son intérêt? C'est d'obtenir, en échange d'une quantité donnée de ses produits, la plus grande quantité possible de monnaie, et, pour arriver à ce résultat, de n'offrir que des quantités inférieures aux quantités demandées, par conséquent insuffisantes pour satisfaire pleinement le besoin. Le pouvoir d'échange des produits s'accroissant d'autant plus que la différence entre les quantités offertes et les quantités demandées est plus grande, le producteur obtient ainsi une quantité de monnaie qui dépasse les frais de la production, un profit de plus en plus élevé.

Mais ici intervient la concurrence en réduisant le profit au taux nécessaire pour déterminer la création du produit.

Aussitôt qu'une industrie obtient, en sus de ses frais de production et de son profit nécessaire (lequel est compris d'habitude dans les frais de production), un surplus, une « rente », la concurrence s'y porte, le capital et le travail y sont irrésistiblement attirés, les quantités produites s'augmentent, et leur pouvoir d'échange exprimé par le prix s'abaisse. Il ne s'abaisse pas seulement en raison de l'augmentation des quantités, mais encore en raison de la diminution du pouvoir du produit à satisfaire le besoin. Cependant, il y a un point au-dessous duquel il ne peut descendre, sauf d'une manière accidentelle et temporaire, c'est le montant des frais de la production, y compris le profit nécessaire. Lorsqu'il tombe au-dessous, les forces productives engagées dans l'industrie cherchent un autre emploi plus rémunérateur, et si elles ne peuvent être complètement rétablies, elles se détruisent, les quantités produites diminuent et le prix remonte. S'il vient à dépasser le niveau des frais de production, le mouvement opposé s'opère sous l'impulsion de la concurrence. C'est une gravitation économique qui ramène incessamment le prix de tous les produits et services au niveau de leurs frais de production, et cela par une impulsion dont la puissance s'accroît à mesure qu'il s'écarte davantage de ce niveau.

Que résulte-t-il de cette opération régulatrice de la concurrence?

C'est d'abord que le bénéfice de tous les progrès réalisés dans la production est réalisé par le consommateur. Et c'est justice, car ces progrès ne sont pas seulement le fruit des efforts accomplis au moment présent et dans une industrie particulière, mais encore des générations les plus lointaines et de la généralité des industries. C'est ensuite que la concurrence fait régner dans la production indirecte le même ordre qui s'établit dans la production directe. Quand le producteur travaille pour lui-même et non pour autrui, il règle les quantités qu'il produit en raison de la demande de ses besoins, et s'il gouverne ceux-ci au lieu d'être gouverné par eux, en raison de la demande qu'il juge utile. Si les quantités qu'il obtient excèdent la demande ou demeurent en dessous, il diminue la production dans le premier cas et l'augmente dans le second, afin de proportionner la somme de jouissances ou d'épargne de peine que lui procure la consommation, à la somme d'efforts et de peine que lui coûte la production. La concurrence établit le même ordre utile dans la production indirecte. Elle agit pour proportionner les quantités produites aux quantités demandées, à un niveau marqué par la somme d'efforts et de peine que la production a coûtés.

Mais la concurrence ne peut opérer cette action régulatrice qu'à la condition de n'être point entravée par des obstacles naturels ou artificiels, et, ce qui est non moins nécessaire, — d'être éclairée.

Si l'on consulte l'histoire économique des peuples civilisés, on constate que la concurrence s'est développée à mesure que le travail a été affranchi de la servitude et que les obstacles qui limitaient les débouchés de la généralité des industries se sont aplanis. Lorsque les populations vouées aux travaux de la production étaient appropriées à des sociétés d'hommes forts, intéressés, comme propriétaires, à leur fournir la sécurité qu'elles étaient incapables de produire elles-mêmes, les produits appartenaient au maître ou au seigneur comme les producteurs eux-mêmes. Mais quand le maître ou le seigneur eut trouvé avantage à s'exonérer de l'entretien de ses esclaves ou de ses serfs, en leur concédant le droit de travailler pour leur propre compte et d'échanger les produits de leur industrie, sauf à lui en fournir une part sous forme de redevance, cette concession eut pour effet d'attribuer à ceux-là qui l'avaient obtenue le droit exclusif de pratiquer l'industrie concédée et d'en échanger les produits. Ainsi investis du monopole de chaque métier dans l'enceinte de la seigneurie, ils eurent intérêt à s'associer; ils formèrent des corporations : en premier lieu, pour se protéger contre l'abus des exigences du seigneur, l'augmentation arbitraire de leurs redevances et la concession de nouvelles maîtrises moyennant finance; en second lieu, pour défendre contre la concurrence extérieure le marché seigneurial qu'ils avaient seuls le droit d'exploiter; enfin, pour régler leur production et fixer les prix de leurs produits, de manière à leur procurer le profit le plus élevé possible. Mais alors la coutume ou la loi intervint pour protéger le consommateur en établissant une limite au-dessus de laquelle il était interdit de porter le prix, un *maximum*. Nous avons expliqué pourquoi la coutume ou la loi pouvait être efficace dans les métiers et les industries dont il était possible de régler la production, pourquoi elle ne pouvait l'être dans les autres [1].

A ce régime a succédé la liberté de l'industrie et, dans quelque mesure, celle du commerce. Le plus grand nombre des industries et des professions ont été librement ouvertes, sans aucune limitation de nombre, à ceux qui possèdent les aptitudes et les ressources nécessaires pour les pratiquer; les marchés ont été ouverts de même à tous les produits, sauf les prohibitions ou les restrictions dont sont demeurés frappés ceux qui proviennent de l'étran-

____

[1] *Comment se résoudra la question sociale*, chap. III. Les corporations et l'esclavage.

ger. Sur ces marchés devenus libres, les prix ont été fixés désormais par la concurrence illimitée, ou, pour mieux dire, affranchie des limites que lui imposaient, d'une part, la restriction du nombre des concurrents et les règlements corporatifs de la production, d'une autre part, la coutume ou les lois de maximum.

Tel est actuellement l'état des choses, mais bien des causes agissent pour empêcher la concurrence de déployer pleinement sa puissance et pour troubler son opération régulatrice.

Si les progrès de la sécurité et des moyens de communication ont étendu les débouchés de la généralité des produits, les barrières douanières n'ont pas cessé de morceler le vaste marché du monde. Sous l'influence de ce morcellement de l'arène où elle se déploie, la concurrence a perdu non seulement une partie de sa puissance comme propulseur du progrès mais encore et davantage de son efficacité et de son exactitude comme régulateur de la production. Des syndicats constitués à l'exemple des corporations de l'ancien régime ont pu, grâce à la protection des tarifs de douane, restreindre à leur gré la production et élever ainsi les prix au-dessus du niveau où les aurait fixés la concurrence[1]. De plus, la mobilité des tarifs, les changements continuels et brusques qui y sont apportés troublent, continuellement aussi, l'opération de ce régulateur. Tantôt l'exhaussement des droits vient diminuer soudainement les quantités que l'industrie et le commerce étrangers importaient dans un marché, et élever les prix au-dessus des frais de production en procurant une « rente » aux industriels protégés jusqu'à ce que l'appât de cette rente ait surexcité la production intérieure et déterminé une augmentation le plus souvent excessive des quantités produites, tantôt l'abaissement du tarif détermine un apport immédiat et surabondant de produits étrangers jusqu'à ce que l'avilissement des prix ait agi pour réduire cet apport. L'opération régulatrice de la concurrence pour faire graviter les prix du marché vers le niveau des frais de la production se trouve ainsi perpétuellement troublée.

Elle l'est encore par une autre cause, dans les branches dont l'homme n'a pas encore réussi à régler la production, telles que les industries agri-

---

[1] Appendice, note B, Les syndicats ou trusts restrictifs de la concurrence.

coles qui subissent les influences des variations de la température, et des atteintes des épidémies. L'inégalité des récoltes qui en résulte pourrait sans doute être corrigée, si cette branche de commerce que l'on désigne sous le nom de spéculation était plus développée, si l'excédent d'une année, au lieu d'être apporté au marché et d'exagérer l'offre, pouvait être réservé en prévision du déficit éventuel de quelqu'une des années suivantes. Mais l'imperfection des moyens de conservation et, plus encore, l'insuffisance et le prix relativement trop élevé des capitaux, raréfiés par les dépenses improductives des gouvernements, les préjugés répandus contre la spéculation font obstacle à ce développement du commerce dans le temps comme les barrières douanières l'entravent dans l'espace.

Enfin, à ces obstacles naturels et artificiels s'ajoute l'insuffisance de la connaissance du marché. Lorsque les marchés étaient peu étendus, ne dépassant pas, le plus souvent, les limites d'un domaine seigneurial, d'un canton ou d'une province, il était facile de connaître l'importance de la demande, laquelle ne variait guère, et de régler la production en conséquence. La difficulté de la connaissance des marchés s'est naturellement accrue à mesure qu'ils se sont étendus davantage. A la vérité, des moyens d'information se sont créés et multipliés pour répondre à ce besoin : le montant des récoltes, les stocks disponibles de blé, de coton, de laine, de sucre, etc., sont déjà l'objet d'informations que l'électricité porte d'une manière instantanée dans toutes les parties du marché du monde. Mais, en fût-il de même pour tous les produits, ces informations, si exactes qu'on les suppose, ne suffiraient point pour signaler aux détenteurs des moyens de production les industries dont les produits ne répondent pas complètement aux besoins de la consommation, non plus que celles où il y a surproduction. Cette indication nécessaire, c'est le taux moyen des bénéfices de chaque branche d'industrie qui peut seul la fournir, et la connaissance de ce taux ne peut être acquise que par la constitution des entreprises sous la forme de sociétés impersonnelles, obligées, par leur nature même, à publier régulièrement les résultats de leurs opérations.

Jusqu'à ce que la série de progrès que nous venons d'esquisser soit réalisée, l'opération de la concurrence, considérée comme régulateur, demeurera incertaine, et, comme nous le verrons plus loin, il en résultera des perturbations, nuisibles principalement au grand nombre, dans la production, la distribution et la consommation même de la richesse.

Cependant on peut prévoir que ces causes de perturbation seront peu à peu éliminées sous un régime de pleine liberté de l'industrie et du commerce, et que la production finira par se mettre, sous ce régime, régulièrement en équilibre avec la consommation, au niveau marqué par les frais nécessités par la création des produits et leur mise à la disposition des consommateurs.

CHAPITRE X

La distribution des produits. — La part du capital dans les résultats de la production.

Nous venons de voir que la concurrence agit pour réduire les prix de tous les articles nécessaires à la satisfaction des besoins de l'homme au niveau des frais de la production ; en sorte qu'en admettant que la concurrence ne rencontrât aucun obstacle, les consommateurs ne paieraient que juste la somme indispensable pour reconstituer les agents et les matériaux de la production et les mettre d'une manière continue au service de la consommation. Voyons maintenant comment les produits se partagent entre ces deux facteurs nécessaires de la production que l'on a désignés sous les noms de capital et de travail. On sait que les socialistes accusent le capital de se faire la part du lion. Une courte analyse de la production et des conditions dans lesquelles elle s'opère donnera un aperçu des causes de l'élévation de la part du capital en comparaison de celle du travail, et des progrès qui vont s'accomplissant sous l'impulsion de la concurrence pour réduire cette part.

Toute entreprise exige la réunion d'une quantité plus ou moins considérable d'agents productifs : ce sont, d'une part, des terres, des bâtiments, des outils, des machines, des matières premières, des avances de subsistances, d'une autre part, un personnel de direction et d'exécution des opérations de la production. Les premiers sont compris sous la dénomination générique de capital, les seconds sous celle de travail.

Le capital peut être apporté à une entreprise soit sous la forme d'une somme de monnaie avec laquelle l'entrepreneur se procure par voie d'échange les matériaux de la production, soit sous la forme même de ces matériaux. Mais, dans l'état actuel d'avancement de l'industrie, les produits de l'entreprise sont généralement réalisés sous forme de monnaie et c'est encore sous cette forme qu'ils sont répartis entre le capital et le travail.

Comment se constitue le capital ? Il se constitue

au moyen de l'épargne. Au lieu d'appliquer à la
satisfaction de ses besoins actuels la totalité de
son revenu, l'homme prévoyant et économe en
réserve et en accumule une partie soit pour satisfaire à ses besoins futurs, pourvoir à l'éducation
de ses enfants, à l'entretien de sa vieillesse, aux
divers accidents de la vie humaine, soit pour
augmenter son revenu par une participation directe
ou indirecte à des entreprises quelconques. Il peut
le conserver inactif et disponible en prévision de
ses besoins futurs, ou l'engager dans sa propre
industrie pour en accroître le produit par la mise
en œuvre d'un supplément d'agents productifs, ou
bien l'investir dans une autre entreprise moyennant une rétribution éventuelle, ou enfin le prêter
à ceux qui en ont besoin pour l'affecter à n'importe
quelle destination, moyennant une rétribution fixe,
un intérêt.

A quelle condition consentira-t-il à s'en dessaisir
dans ces deux derniers cas? A la condition de recevoir une rétribution qui couvre, en premier lieu,
le dommage que peut lui infliger la privation de
son capital lorsque l'une ou l'autre des éventualités
en vue desquelles il l'a formé vient à se présenter,

en second lieu, les risques du placement, avec un surplus, si faible qu'il soit, qui le détermine à s'en dessaisir plutôt qu'à le conserver inactif. Tels sont les éléments de la rétribution nécessaire du capital. C'est vers cette rétribution que la concurrence fait graviter le prix courant de l'emploi direct du capital par l'épargneur lui-même ou de l'emploi indirect par voie de participation ou de simple prêt. Lorsque le prix courant tombe au-dessous de cette rétribution ou de ce prix nécessaire, le capital se retire ou s'offre en quantité moindre, soit que la privation ne soit pas suffisamment compensée ou le risque entièrement couvert; lorsque le prix courant s'élève au-dessus du prix nécessaire, le capital est attiré, au contraire, son offre s'accroît, et ces deux mouvements vont s'accélérant d'autant plus que la différence est plus grande, jusqu'à ce qu'ils la fassent disparaître.

Il suit de là que la part du capital dans les résultats de la production ne peut être réduite que par des progrès qui abaissent, d'une manière permanente, le prix nécessaire en diminuant la privation et les risques.

On a constaté déjà, particulièrement depuis un

demi-siècle, l'abaissement général du taux de l'intérêt et l'on a attribué ce phénomène à l'augmentation de la production des capitaux, au développement progressif de l'épargne, mais si l'offre des capitaux s'est accrue, la demande s'en est développée d'un mouvement non moins rapide. La vraie cause de cet abaissement de la rétribution du capital réside dans le progrès qui, en rendant mobilisable une portion de plus en plus considérable des capitaux prêtés ou employés en participation, a supprimé le dommage de la privation, et, par conséquent, la compensation nécessaire de ce dommage. Grâce à la possibilité de réaliser immédiatement les valeurs dites mobilières, la privation résultant, dans un état d'industrie moins avancé, de l'immobilisation et de l'indisponibilité plus ou moins longue des capitaux placés a disparu. A la vérité, le capitaliste qui s'est dessaisi de ses fonds pour les placer en valeurs mobilières court le risque de subir une moins-value lorsqu'il éprouve le besoin immédiat d'en disposer, mais il a aussi la chance de recevoir une plus-value, et cette chance compense le risque. A la vérité encore, la masse des capitaux n'est pas tout entière employée à des placements en valeurs mobilières, mais la proportion de ces placements n'a pas cessé de s'accroître et c'est vers le prix nécessaire le plus bas que le prix courant de tous les produits et services tend à se fixer sous un régime de concurrence. Il s'établit ainsi un taux moyen entre les capitaux mobilisés et les capitaux immobilisés, — et ce taux va s'abaissant à mesure que la proportion des premiers s'élève dans la masse des placements. Il descendra au point déterminé par la suppression de l'élément compensateur de la privation, lorsque la masse entière sera devenue mobilisable.

Mais si cet élément du taux nécessaire de la rétribution du capital est en voie de disparaître, il n'en est pas de même de la prime du risque. Celle-ci n'a subi aucune diminution appréciable, on pourrait soutenir même qu'elle est plutôt aujourd'hui en voie d'accroissement. Examinons, en effet, d'où proviennent et en quoi consistent les risques du placement des capitaux.

Ces risques peuvent être partagés en deux catégories : les risques particuliers et les risques généraux.

Les premiers dépendent du caractère plus ou moins aléatoire de l'industrie et des causes naturelles ou artificielles qui déterminent les fluctuations des prix des produits. A cet égard, il y a des inégalités considérables entre les différentes branches d'industrie. La plupart des industries minérales, à commencer par l'exploitation des mines d'or, sont particulièrement aléatoires ; et il en de même des industries agricoles dont la production subit l'influence des variations de la température, mais le taux des bénéfices se proportionnant naturellement aux risques de perte, les profits de toutes les industries tendent continuellement à se mettre en équilibre, du moins lorsqu'elles sont librement accessibles au capital et au travail. La concurrence, en se portant toujours vers les industries les plus avantageuses, agit pour abaisser l'ensemble des profits de chacune à un niveau commun.

A ces risques particuliers se joignent les risques généraux qui atteignent, à des degrés divers, toutes les industries du même pays et, par répercussion, celles des autres ; ces risques causés par les guerres, les changements dans l'assiette et le taux des impôts et notamment des tarifs de douane, etc., etc., vont s'étendant à mesure que les intérêts des peuples sont rattachés et solidarisés davantage par la multiplication et l'extension des échanges. Enfin, toutes les industries sont sujettes à des risques qui proviennent de la constitution imparfaite et de la gestion inintelligente ou vicieuse des entreprises.

Ces risques particuliers et généraux pèsent directement sur cette portion du capital engagé dans les entreprises qui en supporte la responsabilité et reçoit sa rétribution sous forme de profits ou de dividendes. Ils n'atteignent qu'indirectement, et seulement lorsque l'entreprise vient à faillir, la portion du capital qui reçoit sa rétribution sous forme d'intérêt, et le travail qui reçoit la sienne sous forme de salaire. C'est le capital responsable, qualifié de capital d'entreprise, qui supporte les risques de perte et assure contre ces risques le capital auxiliaire et le travail salarié. Seulement, tant vaut l'assureur, tant vaut l'assurance. Il peut arriver et il arrive que l'entreprise subisse des pertes telles qu'elle ne puisse servir l'intérêt du capital emprunté et même que ce capital soit en partie ou en totalité anéanti.

A leur tour, les capitaux d'emprunt peuvent être

partagés, quant à leur emploi, en deux catégories : ceux qui sont investis dans les entreprises particulières et qui sont, les uns plus ou moins immobilisés, les autres mobilisables ; ceux qui sont prêtés aux gouvernements et qui sont en totalité mobilisables. Comme les capitaux empruntés par les entreprises particulières ceux-ci sont assurés par les emprunteurs. Ils ont pour gage matériel la portion du revenu des nations qui est captée par l'impôt et qui peut, à la rigueur, atteindre le montant du produit net de la production annuelle (en admettant que la nation consente à supporter cette charge écrasante), et pour gage moral la probité des gouvernements et leur exactitude à s'acquitter de leurs engagements. La sécurité de ce genre de placements peut être considérée comme à peu près complète en Angleterre, par exemple ; le taux de l'intérêt de la dette publique y est descendu au minimum actuel de la rétribution des capitaux, en ce qu'il ne contient, pour ainsi dire, aucune prime d'assurance. Dans les autres États, il s'élève plus ou moins avec cette prime.

Si la privation qui constitue le premier élément de la rétribution nécessaire du capital est en train de disparaître grâce à l'extension progressive de la mobilisabilité des valeurs capitalisées, il en est, comme on vient de le voir, autrement du risque et de la prime d'assurance qu'il exige. Cette prime dans laquelle est compris le profit nécessaire de l'assureur finira par constituer seule les frais de production du service du capital. Ces frais de production iront s'abaissant à mesure que les progrès suscités par la concurrence et agissant sous sa pression diminueront les risques particuliers et généraux de l'industrie. Ce n'est pas une utopie de concevoir un état de choses dans lequel ces risques seront réduits de telle sorte que les frais de production du service du capital se trouveront presque annulés ou du moins ne comprendront plus que le faible intérêt nécessaire pour déterminer le capitaliste à se dessaisir de ses fonds plutôt qu'à les conserver inactifs, — ce qui l'oblige, d'ailleurs, à en supporter les frais de conservation.

Mais les frais de production ne sont qu'un point idéal autour duquel gravite, sous l'impulsion de la concurrence, le prix réel et courant d'un produit ou d'un service. Pour que le prix courant se confonde avec les frais de production, autrement dit avec le

prix naturel ou nécessaire, il faut que la concurrence puisse agir librement, que les capitaux puissent être portés toujours sans rencontrer d'obstacles
naturels ou artificiels dans les parties du vaste marché du monde où ils sont le plus demandés et le
moins offerts, enfin, que la connaissance de ce
marché soit aussi complète et aussi exacte que possible. A ces différents égards, des progrès considérables ont été réalisés depuis un siècle, et ces progrès s'accélereront encore avec la transformation des
entreprises en sociétés à capital mobilisable. Les
cours de la Bourse renseignent, aujourd'hui, les
détenteurs de capitaux sur le taux de la généralité
des valeurs mobilières. Si la cote des valeurs étrangères est encore entravée par des règlements dictés
par l'esprit de monopole, ces entraves ne manqueront pas de disparaître ou de perdre leur efficacité à
mesure que les intermédiaires de placement, les
banques, se multiplieront et acquerront plus de
liberté et de puissance. Le jour n'est pas éloigné où
le marché général des capitaux sera éclairé à giorno,
et où les obstacles qu'opposent encore à la circula-
tion des capitaux la difficulté des communications et
les règlementations protectionnistes, seront levés.

Alors l'équilibre entre l'offre et la demande des capitaux pourra s'opérer dans toutes les parties du marché au niveau du prix nécessaire du service du capital, et la rétribution de cet agent productif tombera au dernier minimum possible, c'est-à-dire bien près de zéro.

CHAPITRE XI

**La distribution des produits. — La part du travail
dans les résultats de la production.**

Comme le capital, le travail a une rétribution
nécessaire vers laquelle gravite, sous l'impulsion de
la concurrence, le prix courant de ses services.
Quels sont les éléments de cette rétribution? C'est,
en premier lieu, la somme des frais qu'a coûtés la
production de cet agent productif, frais d'élève,
d'éducation professionnelle, etc., qu'il faut reconstituer pour que le travail des générations successives puisse être mis, d'une manière continue, au
service de la production. Ces frais préparatoires
s'ajoutent aux frais d'entretien du travailleur, et les
uns et les autres s'élèvent plus ou moins selon la
nature du travail. C'est, en second lieu, l'intérêt
nécessaire pour déterminer l'individu en possession d'un capital de forces productives à mettre ce

capital au service de la production. Mais, si cet intérêt peut être indispensable lorsqu'il s'agit d'individus qui possèdent assez de ressources pour vivre sans travailler, il ne l'est point pour la multitude qui n'a pour subsister que le produit de son travail. C'est seulement lorsque l'individu possède des moyens de subsistance indépendants de son travail, ou tout, au moins, suffisants pour lui permettre d'attendre la demande, qu'il peut exiger un intérêt, en sus de ses frais de production nécessaires.

Voici maintenant un phénomène dont l'importance n'a pas été encore assez mise en lumière; c'est que les mêmes progrès qui diminuent la rétribution nécessaire du capital agissent, au contraire, pour augmenter celle du travail.

Cet effet de la transformation progressive de l'industrie peut s'observer dans les deux grandes catégories, entre lesquelles se partage naturellement le travail appliqué aux entreprises de production : le travail de direction de la hiérarchie des fonctionnaires et employés de tout ordre, et le travail d'exécution des ouvriers.

A mesure que l'extension des débouchés et les progrès de la machinerie ont déterminé l'agrandissement des entreprises, les fonctions du travail de direction aussi bien que du travail d'exécution, ont exigé une participation plus grande des facultés intellectuelles et morales, tandis que celle des facultés ou des forces physiques a diminué.

La direction d'une grande entreprise nécessite des qualités d'intelligence et de caractère supérieures à celles qui suffisent à une petite ; la responsabilité est plus étendue à tous les degrés de la hiérarchie dirigeante, les erreurs et les fautes commises entraînent des dommages plus considérables. Il en est de même pour le travail d'exécution : la défaillance d'attention d'un conducteur de locomotive ou d'un aiguilleur peut causer une perte d'existences et de matériel autrement désastreuse que celle qui peut résulter du défaut d'habileté d'un conducteur de diligence. Dans les industries textiles, l'ouvrier qui surveille l'opération d'un ou de plusieurs métiers mécaniques, dépense moins de force physique que son devancier, le fileur ou le tisserand à la main, mais il a besoin de déployer une force d'attention plus grande ; ses facultés doivent être constamment tendues vers l'opération du métier dont il a la direction et la surveillance, et cette tension est proportionnée à la rapidité du mouvement mécanique. Selon que l'ouvrier est plus ou moins capable d'attention, le mouvement peut être ralenti ou doit être accéléré ; d'où résulte une différence dans le coût de la production ; enfin, tout relâchement de la surveillance entraîne une perte d'autant plus forte que la puissance du métier ou de la machine est plus grande [1].

Or, plus la qualité du travail s'élève, plus s'augmentent ses frais de production. On attribue d'habitude à l'ascension du *standard of life* l'accroissement du taux des salaires ; c'est prendre l'effet pour la cause. Le taux des salaires s'élève dans les pays où la machinerie de la production, en voie de perfectionnement, exige la coopération d'un travail d'une qualité supérieure à celle qui suffisait à l'ancien outillage. De là l'exhaussement graduel du niveau de la rétribution nécessaire et du *standard of life* du travailleur. Lorsque l'évolution industrielle sera accomplie autant qu'elle peut l'être, lorsque la machinerie des différentes branches de

---

[1] Voir notre *Cours d'économie politique*, dixième Leçon : La part du travail.

la production sera arrivée à son maximum de puissance et d'économie, le *standard of life* se trouvera porté à son point le plus élevé. Alors aussi la différence qui sépare sous ce rapport le travail de direction et le travail d'exécution sera amoindrie, les inégalités qui existent dans la rétribution nécessaire du travail et qui étaient causées par la prépondérance du travail intellectuel et moral des fonctions de direction, en comparaison du travail purement physique de l'exécution dans l'état primitif de l'industrie, ces inégalités deviendront de plus en plus faibles, et les rétributions tendront, au moins dans quelque mesure, à s'égaliser.

Mais les frais de production, en y comprenant l'intérêt ou le profit nécessaire ne sont qu'un point idéal vers lequel gravite, sous l'impulsion de la concurrence, le prix courant et réel du travail comme de toute autre marchandise. Il y a toutefois une circonstance qui vicie communément l'opération de la concurrence dans le règlement du prix du travail et ne se rencontre point, ou, pour mieux dire, se rencontre moins fréquemment dans celui des prix des autres marchandises : c'est l'inégalité de situation et de ressources qui existe entre l'entrepreneur et l'ouvrier, entre l'acheteur et le vendeur de travail. Sauf dans des cas exceptionnels, l'ouvrier, à l'époque où il est devenu propriétaire de son travail, disposait à un moindre degré que l'entrepreneur, de l'espace et du temps. Il ne pouvait attendre le salaire aussi longtemps que l'entrepreneur pouvait attendre le travail ; de plus, faute de ressources et d'informations, sans parler des autres obstacles qui s'opposaient à son déplacement, il était réduit à demander le salaire dans un marché plus limité que celui où l'entrepreneur pouvait l'offrir. Cette inégalité de situation était maintenue et renforcée par des lois qui interdisaient aux ouvriers de s'associer pour y remédier. Les entrepreneurs ont pu, en conséquence, augmenter trop souvent, à leur gré, la durée du travail et abaisser le salaire au-dessous même du taux nécessaire. Si cet état de choses s'était prolongé, il aurait abouti à l'affaiblissement successif des facultés productives des ouvriers et finalement à leur extinction, partant, à la ruine des entrepreneurs eux-mêmes. Mais des progrès sont survenus qui agissent aujourd'hui pour faire disparaître cette inégalité dans la disposition de l'espace et du temps et rendre possible l'accord du prix courant du travail avec le prix nécessaire.

Comment ont procédé les ouvriers pour établir l'égalité dans le débat du salaire ? Ils se sont associés et ils ont constitué un fonds commun de résistance qui leur a donné le moyen d'attendre, c'est-à-dire de gagner du temps. Il est facile de se rendre compte de l'efficacité de cette pratique, malgré l'abus qui en a été fait. Quel est l'effet de la disponibilité inégale du temps entre l'entrepreneur et l'ouvrier ? C'est de répartir l'offre de l'ouvrier sur un espace de temps moindre que la demande de l'entrepreneur, partant, d'augmenter la quantité de travail offerte relativement à la quantité demandée, de toute la différence entre les deux espaces de temps. En s'associant et en constituant des caisses de résistance, les ouvriers réduisent cette différence et finissent même, lorsque leurs caisses sont suffisamment remplies, par la supprimer. Alors, l'inégalité du temps disponible cesse d'influer, au détriment de l'ouvrier, sur le taux du salaire. Dans cette situation, le prix courant du travail ne dépend plus que des quantités réellement en présence : nombre de travailleurs, d'une part, nombre d'emplois de l'autre. Si les travailleurs sont plus nombreux que les emplois, le salaire baisse, quoi qu'on puisse tenter pour l'en empêcher ; dans le cas contraire, il hausse, et la hausse ou la baisse persiste avec l'inégalité des quantités. Mais aussitôt intervient pour faire disparaître cette inégalité l'opération régulatrice de la concurrence. Quand les emplois disponibles sont plus nombreux que les travailleurs le prix courant du travail s'élève, et, sous l'impulsion de la loi de la valeur, cette hausse s'opère en raison géométrique ; il attire, en conséquence, la concurrence ; il la repousse, au contraire, quand le nombre des travailleurs dépasse les emplois disponibles. Seulement, ces mouvements qui agissent pour ramener incessamment le prix courant du travail au niveau du prix nécessaire exigent un espace libre. Or, dans l'état actuel des choses, les obstacles à l'opération régulatrice de la concurrence, en matière de travail, sont plus nombreux encore que ceux qui entravent le règlement utile du prix des produits et des capitaux : obstacles naturels des distances, de l'hostilité des races ; obstacles artificiels des protections et prohibitions inspirées par l'esprit de monopole, enfin insuffisance de la connaissance des marchés[1]. Mais ces obstacles, la concurrence agit, elle-même, pour les aplanir en suscitant des progrès qui mettent à la disposition du travail à l'égal du capital, l'espace et le temps, et lui assurent ainsi sa juste part dans les résultats de la production.

En considérant l'opération propulsive et régulatrice de la concurrence dans la production et la répartition de la richesse, nous pouvons dès à présent nous faire une idée de l'organisation économique de la société future sous un régime de paix et de liberté, lorsque, d'une part, l'association des peuples civilisés aura assuré d'une manière permanente leur sécurité, lorsque, d'une autre part, le vaste système de voies de communication, actuellement en construction, aura étendu ses mailles de plus en plus serrées sur toute la surface du globe, lorsque enfin la suppression des entraves à la liberté du travail, de l'association et de l'échange dans toutes les branches de l'activité humaine, aura rendu possible l'organisation économique de

[1] Voir, pour ce qui concerne les progrès de la connaissance des marchés, *les Bourses du travail*, chap. xviii. Progrès à réaliser pour agrandir et unifier les marchés du travail.

la production sans lui infliger d'autres charges et servitudes, que celles que nécessite la garantie de la liberté et de la propriété individuelles, sans qu'il soit opposé d'obstacles à la création et au développement des organes nécessaires à la distribution utile des produits et à leur répartition entre les agents productifs. Aux marchés limités des produits, des capitaux et du travail, succéderont alors des marchés généraux :

Marché général des produits,
—   des capitaux,
—   du travail.

Sur ces trois marchés gouvernés par la concurrence, la production pourra désormais se mettre en équilibre avec la consommation, l'offre avec la demande, au niveau du prix nécessaire.

Comme nous l'avons remarqué, le progrès de la machinerie et des procédés de l'industrie a pour effet de diminuer le prix nécessaire des produits et des capitaux, et d'élever celui du travail. En revanche, il réduit dans chaque industrie la proportion du travail en comparaison de celle du capital, et, quel que soit l'exhaussement de la rétribution nécessaire du travailleur, il en résulte une économie dans les frais de la production.

Cependant une question essentielle reste à résoudre : si l'on peut concevoir que la production et l'offre des produits et des capitaux puissent être réglés de manière à ne point dépasser les besoins de la consommation ni à demeurer en dessous, en est-il de même de celles du travail? En d'autres termes, sera-t-il jamais possible d'adapter la production des travailleurs aux besoins du marché de travail? Un court aperçu de la question de la population nous édifiera à cet égard.

CHAPITRE XII

La question de la population.

Que la population soit limitée par ses moyens de subsistance, c'est une vérité d'observation que l'on peut considérer comme un simple truisme. Mais en quoi consistent les moyens de subsistance? Ils consistent, en premier lieu, dans le nombre des emplois qui fournissent, sous une forme ou sous une autre, salaires, profits, intérêts, rentes, appointements, les revenus de l'ensemble des membres de la population, en second lieu, dans la somme annuelle qu'elle peut employer à l'entretien ou au complément d'entretien de ceux de ses membres qui ne possèdent aucun revenu ou bien auquel leur revenu ne suffit point pour vivre, et qui sont, en totalité ou en partie, à la charge de la charité privée ou publique.

Lorsque la population vient à dépasser les moyens de subsistance provenant de ces deux sources, — emplois et charité, — l'excédent est inévitablement condamné à périr, et, comme le constatait Malthus, la nature ne tarde pas à mettre cet ordre à exécution. Mais telle est la violence de l'appétit sexuel qu'en admettant qu'il ne fût point contenu et réglé, il agirait fatalement pour produire cet excédent. Il est donc nécessaire que la multitude des individus qui composent une population règlent leur reproduction en raison des moyens de subsistance dont elle dispose.

Dans les anciennes sociétés et presque jusqu'à nos jours, ce règlement nécessaire de la reproduction se faisait d'autorité au moins pour la grande majorité de la population. Dans les sociétés encore à l'état sauvage ou appartenant à un type inférieur d'humanité, il s'opérait par le procédé barbare de l'infanticide, comme aussi de la mise à mort des vieillards lorsqu'ils devenaient incapables de pourvoir à leur subsistance. Dans les sociétés plus avancées, où la masse de la population se trouvait placée sous le régime de l'esclavage ou du servage, la reproduction des esclaves ou des serfs était réglée par leurs maîtres et proportionnée aux emplois disponibles. Des règlements corporatifs ou communaux avaient le même objet dans les foyers d'industrie et de commerce, où les classes moyennes et inférieures étaient émancipées du servage, et se gouvernaient plus ou moins complètement elles-mêmes. Au sein des oligarchies souveraines ou des classes dites libres auxquelles appartenait le gouvernement des États, la crainte de déchoir de son rang jointe à la honte qui s'attachait aux mésalliances, sans oublier la prostitution, répandue d'ailleurs dans tous les rangs, concouraient au même résultat. Ces freins et ces dérivatifs agissaient même avec une efficacité telle que la reproduction de la classe supérieure ne suffisait pas toujours à remplir le débouché qui lui était ouvert et que le déficit se comblait par un apport des régions inférieures ou de l'étranger.

Ce régime de réglementation autoritaire de la masse de la population a successivement disparu des sociétés civilisées. La reproduction est devenue libre, et, dans toutes les classes de la société, l'individu a été appelé à la régler lui-même. Qu'en est-il résulté? C'est que les classes inférieures, hâtivement émancipées et incapables de mettre un frein à leurs appétits, d'ailleurs en présence d'un débouché devenu instable, soit qu'il s'étendît sous l'influence des progrès de l'industrie, soit qu'il se restreignît par suite de l'établissement des obstacles artificiels de la fiscalité et de la protection, c'est que les classes inférieures, disons-nous, se sont multipliées suivant l'impulsion de leur appétit sexuel, et, comme l'observait Malthus, que la population a pressé sur la subsistance. Le développement imprudent de la charité publique, particulièrement en Angleterre, a contribué encore à cette reproduction déréglée de la classe la plus nombreuse. De là un accroissement anormal de l'offre du travail, qui a mis les travailleurs à la merci des employeurs, l'avilissement des salaires, l'augmentation de la durée du travail, et, comme conséquences, la mortalité excessive des enfants et l'abréviation de la durée de la vie dans les couches les plus basses de la population. L'équilibre rompu entre la population et les moyens de subsistance a tendu ainsi à se rétablir par l'opération des obstacles que Malthus désignait sous le nom caractéristique de « répressifs. » Dans les classes moyenne et supérieure, au contraire, l'obstacle préventif de la prévoyance, poussé même à l'excès, et le dérivatif de la prostitution ont continué d'agir avec une efficacité telle que leur population se serait presque partout éteinte à la longue si elle n'avait été incessamment renouvelée et ravivée par des apports des couches inférieures.

Mais si ces procédés brutaux et grossiers ont eu pour résultat final de maintenir sans écarts trop sensibles l'équilibre entre le nombre des hommes et leurs moyens de subsistance, ce n'a pas été sans affaiblir la qualité de la population.

Dans les classes inférieures, l'abaissement de la qualité a été causé par l'accroissement excessif de la durée du travail, l'avilissement des salaires, l'emploi hâtif des enfants appelés à suppléer à l'insuffisance des ressources des parents, le défaut de soins, l'hygiène défectueuse, enfin, par l'emploi vicieux du revenu et notamment par l'abus des boissons alcooliques. Parmi les classes supérieures, l'affaiblissement de la qualité a eu pour cause principale, sinon unique, dans les mariages, la subordination des sympathies physiques et morales aux convenances de situation et de fortune ; dans les unes et les autres, le développement de la prostitution et des maladies dont elle est la source.

Or, de tous les éléments qui constituent la puissance d'une société, les principaux sont ceux qui résident dans l'homme lui-même. Plus encore que la fécondité du sol et la perfection de l'outillage, la vigueur physique et morale des individus qui forment une nation les rendent capables de soutenir les luttes de la concurrence. Sous le régime de l'état de guerre, lorsque l'existence de la société en possession de l'État dépendait principalement des qualités guerrières de ses membres, les institutions et les mœurs s'accordaient pour assurer la conservation de ces qualités, en interdisant les unions qui auraient altéré la pureté du sang et affaibli les aptitudes à la domination et au combat ; ces aptitudes, une éducation appropriée à l'état de guerre avait en même temps pour objet de les fortifier et de les développer. Sous le régime de l'état de paix qui va se substituant à l'état de guerre, et à mesure que la concurrence économique devient plus vive entre les nations qui se partagent et se disputent l'exploitation du globe, c'est l'ensemble des qualités physiques et morales de la population tout entière qu'il s'agit de développer. Et si la concurrence, sous cette nouvelle forme, emploie des procédés moins brutaux et violents que sa devancière, elle n'aboutira pas moins, comme elle, à la décadence et à l'élimination finale des sociétés qui se montreront incapables de la soutenir. A mesure donc que les obstacles qui entravent l'expansion naturelle et irrésistible de la concurrence internationale s'aplaniront, il deviendra plus nécessaire d'aviser aux moyens d'éviter la déperdition de forces causée par l'insuffisance ou l'excès de la quantité de la population ou l'affaiblissement de sa qualité. L'ajustement de la population à ses moyens de subsistance, et le perfectionnement physique et moral de l'homme apparaîtront alors comme plus importants encore, comme plus nécessaires à la conservation et au progrès d'une nation, que l'accroissement de la puissance de son outillage.

Comment se résoudront dans la société future, le problème de la mise en équilibre de la production de l'homme, avec les débouchés ouverts à son capital et à son travail, et cet autre problème non moins essentiel du perfectionnement physique et moral de l'espèce, voilà ce que nous avons étudié et ce que nous nous sommes appliqué à mettre en lumière autant que le comporte l'état actuel de la science, dans notre ouvrage sur la *Viticulture*.

Nous nous bornerons à examiner, pour conclure ce chapitre, une question qui a été fréquemment débattue mais à laquelle l'ignorance des lois économiques a fait donner les solutions les plus bizarres, celle de la population future de notre globe.

La population est limitée par ses moyens de subsistance et ceux-ci dépendent à leur tour et dépendront de plus en plus du nombre des emplois disponibles dans l'immense atelier de la production, car ce sont les emplois qui fournissent, dans les sociétés en voie de civilisation, les revenus avec lesquels s'acquièrent les matériaux de la vie. Si l'on veut résoudre autant qu'il peut l'être le problème de la population future de notre globe, il faut donc savoir jusqu'à quel point pourra s'élever le nombre des emplois de la production.

C'est du progrès de l'industrie que dépend, en dernière analyse, la solution de cette question. Or, le progrès industriel a deux effets opposés. Dans chacune des branches de la production, il agit pour remplacer la force physique de l'homme par une force mécanique, et, par conséquent, pour augmenter la proportion du matériel et diminuer celle du personnel. Il abaisse la quantité de travail nécessaire à la création d'une quantité donnée de produits ou de services, tout en en élevant la qualité. Un millier d'employés de chemins de fer. ingénieurs, mécaniciens, conducteurs de locomotives, etc., peuvent pourvoir au transport d'une quantité de produits qui exigerait un million de portefaix. De même un millier de fileurs et de tisserands à la mécanique produisent une quantité d'étoffes qui exigerait l'emploi d'un nombre incomparablement plus considérable de fileurs et de tisserands à la main. Et l'on peut prévoir que lorsque le progrès aura transformé l'agriculture à l'égal de l'industrie proprement dite, la production d'une quantité de blé, qui emploie aujourd'hui un million d'ouvriers laboureurs, moissonneurs, etc., n'en demandera plus qu'une centaine de mille et même moins. En supposant que le débouché de chacune des branches de la production ne reçût aucun accroissement, que les mêmes quantités de toutes sortes de produits continuassent à être demandées, le nombre des emplois disponibles diminuerait chaque fois qu'une machine ou un procédé nouveau réduirait la part du travail de l'homme, et il en serait ainsi jusqu'au moment où la transformation progressive de l'industrie se trouverait achevée, si elle s'achève jamais. Cela étant, la population du globe subirait, à mesure que les progrès de son industrie viendraient à se multiplier, un mouvement continu et indéfini de décroissance.

Mais, en même temps que le progrès a pour effet de diminuer la quantité de travail nécessaire à la création d'un produit quelconque, il abaisse la valeur de ce produit, et, en le mettant à la portée d'un plus grand nombre de consommateurs, il augmente son débouché. Cette augmentation est causée par celle de la capacité de consommation, et celle-ci provient : 1° de l'élévation de la qualité du travail de l'industrie en progrès, élévation qui détermine l'exhaussement de la rétribution du personnel, partant, l'accroissement de sa capacité de consommer toute sorte de produits ou services ; 2° de la diminution du prix nécessaire entraînant celle du prix courant, laquelle augmente de même la capacité de consommation de toutes les autres catégories de consommateurs, soit qu'ils appliquent l'économie qu'ils réalisent de ce chef à l'acquisition de l'article dont le prix s'est abaissé ou à celle d'autres articles. Tout progrès qui augmente la productivité d'une industrie détermine donc la création d'un surcroît de produits en échange de la même somme de frais de production, et ce surcroît va pour une part au personnel dont la rétribution s'élève, et, sous l'influence de l'abaissement du prix, à la généralité des consommateurs. L'augmentation de la rétribution du personnel de l'industrie en progrès et de la capacité générale de la consommation a pour effet naturel d'accroître d'autant le débouché de la production et, par conséquent, le nombre des emplois ouverts au travail. Ainsi, d'une part, le progrès agit pour diminuer le nombre de ces emplois dans la mesure de la réduction de la somme des forces humaines nécessaires à la production, et, d'une autre part, il agit pour augmenter ce nombre dans la mesure de l'accroissement de la capacité de la consommation[1]. Ce sont ces deux me-

[1] Appendice, note C. *Les effets du progrès industriel sur le débouché de la population.*

sures, l'une restrictive de la population, l'autre extensive, qu'il resterait à comparer. Quelle pourra être, dans l'avenir, l'économie des forces humaines que le progrès permettra de réaliser, et quelle sera l'augmentation de la quantité de ces mêmes forces qu'exigera l'accroissement qu'il aura déterminé dans la capacité de la consommation? Voilà ce qu'il nous est impossible de savoir. Nous ne pouvons faire à cet égard que des conjectures. Nous savons, à la vérité, que dans certaines industries l'économie de travail, en tenant compte même de la quantité qu'exige la production de la machinerie substituée aux forces humaines, s'élève fort haut, au décuple et davantage. Nous savons aussi que la capacité de consommation de l'immense majorité des coopérateurs de la production est extrêmement basse; qu'elle ne dépasse pas la satisfaction des premières nécessités de la vie, — encore cette satisfaction est-elle fort incomplète; nous savons que la hausse de la rétribution du travail et la baisse du prix des produits, provenant de l'augmentation de la productivité de l'industrie, peuvent élever de même au décuple, et plus encore, la capacité de la consommation; nous savons qu'entre celle du misérable coolie de l'Inde et du fellah de l'Égypte, et celle que le progrès rend possible, la marge est énorme ; que la consommation d'un individu de la classe moyenne en Angleterre, par exemple, commande dix fois, vingt fois plus de travail que celle du coolie ou du fellah ; qu'en admettant que tous les membres des sociétés humaines puissent satisfaire leurs besoins dans la mesure exigée par la réparation nécessaire des forces physiques et morales engagées dans l'industrie, lorsque celle-ci aura atteint son maximum de progrès, la consommation atteindra aussi son maximum. Mais, dans ce mouvement ascensionnel, l'augmentation des forces humaines qu'exigera le progrès de la capacité de consommation dépassera-t-il l'économie de travail que le progrès de la capacité de production permettra de de réaliser, voilà ce qu'il nous est impossible de prévoir. Tout ce que nous pouvons conjecturer, c'est que les deux phénomènes se balanceront, et que la population à venir de notre globe ne dépassera pas en nombre la population présente si elle ne demeure pas en dessous ; mais ce qu'il nous est permis d'affirmer, c'est que sa capacité de production et de consommation s'élèvera du même pas que sa capa-

cité de progrès, et, pour tout dire, que l'humanité
future sera autant supérieure à l'humanité actuelle
que celle-ci peut l'être à sa devancière des temps
préhistoriques.

CHAPITRE XIII

La consommation

En décrivant l'opération des lois naturelles qui gouvernent la production et la distribution des matériaux de la vie, nous sommes arrivé aux conclusions suivantes :

Que la concurrence, en coopération avec la loi de l'économie des forces, agit, en premier lieu, comme un propulseur du progrès ; qu'elle oblige tous les producteurs à augmenter incessamment leur puissance productive, en réduisant leur dépense de forces, ou, ce qui revient au même, en créant une quantité plus grande de produits en échange de la même dépense, sous peine d'être vaincus dans la lutte pour la vie, et privés de leurs moyens de subsistance ;

Que la concurrence agit, en second lieu, avec la

coopération de la loi de la valeur, comme un régulateur de la production et de la distribution des matériaux de la vie, en déterminant par une impulsion identique à celle de la gravitation physique, d'une part, la mise en équilibre de la production et de la consommation, au niveau du prix nécessaire pour susciter la création des produits; d'une autre part, la répartition des produits entre les agents productifs, capital et travail, à un taux qui assure leur reconstitution et leur coopération permanente à la production.

Mais la production et la répartition des produits aboutissent à la consommation. On crée les produits et on se les partage en vue de les consommer, c'est-à-dire de les employer à la réparation et à l'accroissement des matériaux et des forces physiques et morales qui constituent l'être humain. C'est entre ces matériaux et ces forces que les produits et les services se distribuent. Cette distribution peut être utile ou nuisible; elle peut contribuer à la conservation et à l'augmentation de la vitalité ou à sa détérioration. Elle doit, en conséquence, être gouvernée.

Remarquons d'abord qu'il y a deux sortes de con-

sommation : la consommation collective et la consommation individuelle. La première est, en vertu
de sa nature même, obligatoire, tandis que la seconde est volontaire ou libre.

La consommation collective comprend les services généraux de la sécurité extérieure et intérieure qui sont du ressort du gouvernement, et les
services locaux de la voirie, de l'éclairage, du pavage, etc., qui appartiennent aux sous-gouvernements provinciaux ou communaux. A ces services
dont la consommation est obligatoire, en raison de
leur caractère collectif, les gouvernements et sous-
gouvernements ont ajouté un certain nombre d'autres dont la consommation est individuelle et libre.
Mais les uns et les autres sont rétribués, en totalité ou en partie, par des taxes obligatoires, des
impôts. Sous l'ancien régime, les impôts étaient
établis, comme nous l'avons vu, en vertu du droit
de propriété du maître sur ses esclaves, du seigneur sur ses serfs, du roi sur ses sujets, et du
pouvoir discrétionnaire que ce droit lui conférait. Il
en fixait le nombre et le taux selon son bon plaisir,
sauf à compter avec les résistances des imposés,
et ne devait aucun service en échange. Sous le

nouveau régime, l'impôt est, au contraire, en droit comme en fait, la rétribution d'un service. Mais les gouvernements ayant conservé le droit illimité de taxer les consommateurs de sécurité, en raison du risque illimité qu'implique l'état de guerre, et les mécanismes constitutionnels et parlementaires n'opposant qu'un frein illusoire à l'abus de ce droit, quand ils ne le favorisent point, la portion des revenus individuels, absorbée par les impôts de toute sorte, perçus tant au profit de l'État qu'à celui de ses protégés, égale, si elle ne la dépasse point, celle qui leur était enlevée d'autorité sous l'ancien régime.

Sous le régime de paix assurée et de liberté de gouvernement de la société future, cette part de la consommation obligatoire pourra certainement être réduite des neuf dixièmes et davantage ; mais, si grande que soit la portion du revenu, qui restera disponible pour la consommation libre, celle-ci n'en devra pas moins être réglée.

Sous l'ancien régime, la consommation des classes asservies était réglée d'autorité. Les règles imposées par le maître, le seigneur ou le chef de l'État dans son propre intérêt avaient pour objet

10.

la conservation et l'accroissement utile de son troupeau d'esclaves, de serfs ou de sujets, et, elles étaient sanctionnées par des pénalités, les unes matérielles, les autres spirituelles, celles-ci édictées par l'autorité religieuse associée à l'autorité séculière. Ces règles étant, pour la plupart, utiles à l'individu lui-même, il continua de les observer quand il cessa d'y être contraint. Cependant, si l'on examine comment il gouverne sa consommation depuis qu'il est devenu le maître de la gouverner et que le frein religieux auquel il obéissait, s'est relâché, on s'aperçoit que ce gouvernement individuel s'est généralement dégradé au lieu de s'améliorer et qu'il n'est guère moins défectueux que le gouvernement collectif. Ce qui le caractérise particulièrement dans la multitude, peut-être trop tôt émancipée de la servitude, c'est la prépondérance que l'individu a laissé prendre à la satisfaction imprévoyante de ses besoins actuels au détriment de ses besoins futurs et de l'assurance nécessaire des risques de l'existence humaine, c'est encore la part qu'il abandonne à ses appétits désordonnés ou viciés, faute d'une capacité gouvernante assez développée pour les réfréner.

Nous n'avons pas besoin de faire ressortir les conséquences nuisibles de cette insuffisance et de ces défectuosités du *self government* de la consommation. Ces conséquences atteignent non seulement l'individu lui-même mais encore la société dont il est membre et, par répercussion, toutes celles qui sont en relation avec elle. L'homme qui emploie la totalité de son reveuu à la satisfaction de ses besoins actuels sans se préoccuper de ses besoins futurs, qui ne prélève, sur son gain de chaque jour, aucune provision pour les chômages et les accidents auxquels il est exposé, et notamment pour l'accident inévitable de la vieillesse, qui, de plus, affaiblit ses facultés productives par la débauche et l'alcoolisme, se voue lui-même et voue les êtres dont il est responsable à une vie de souffrance et de misère. En vain son salaire s'élève : l'augmentation de son revenu n'a d'autre résultat que de procurer un surcroît d'aliments aux vices qui l'affaiblissent et le dégradent.

Ces effets nuisibles de l'incapacité du *self government* individuel atteignent la société dont l'individu est membre, en diminuant la capacité productive du personnel de la production, et ils se répercutent sur l'ensemble des sociétés, en diminuant la capacité générale de la consommation.

Il convient de remarquer cependant que le *self government* de la consommation est actuellement en voie de s'améliorer, même dans les couches inférieures de la société. Ce qui le prouve, c'est l'accroissement rapide des dépôts des caisses d'epargne, et, particulièrement en Angleterre et aux États-Unis, le développement extraordinaire des assurances ouvrières. Mais il n'y a pas moins, dans les pays les plus avancés en industrie, un nombre trop considérable d'individus qui ne parviennent pas à pourvoir entièrement à leurs frais d'existence, et qui subsistent en partie ou même en totalité aux dépens de ceux qui réussissent — et le plus grand nombre non sans peine, — à résoudre ce problème vital.

Car il a bien fallu aviser à soulager les souffrances causées tant par l'incapacité et les vices du gouvernement individuel que par ceux du gouvernement collectif. A la charité privée qui ne suffisait plus à remplir cette tâche, depuis la disparition de la tutelle obligatoire de la servitude, s'est jointe la charité publique. On a institué, sous des formes diverses, une taxe des pauvres et un budget de l'assistance publique ; on a établi des bureaux de bienfaisance, multiplié les hôpitaux et les hospices, etc., etc. Mais si l'on a atténué ainsi les effets de la misère, ce n'a pas été sans en aggraver la cause la plus active : l'imprévoyance. Quoique les secours de la charité privée ou publique soient toujours insuffisants, elle a pour effet inévitable de décourager la prévoyance, en suggérant à ses clients l'idée qu'ils n'ont pas besoin de compter seulement sur eux-mêmes pour résoudre le problème de l'existence ; qu'ils peuvent recourir à autrui pour combler les déficits creusés, trop souvent, par leur paresse et leurs vices ; d'où finalement cette autre idée, dont le socialisme a fait un article de son évangile, que la société leur doit l'assistance, qu'elle est obligée de pourvoir à leurs besoins lorsqu'ils sont incapables d'y pourvoir eux-mêmes.

Cette idée, propagée par les socialistes, que la société est responsable de la misère et des souffrances de l'individu, a conduit à l'établissement d'une législation dite sociale, qui a débuté par des lois de protection et s'est continuée par des lois d'assurance. Après avoir limité la durée du travail

des enfants et des femmes employés dans les
manufactures, et même celles des hommes faits,
les gouvernements ont entrepris d'assurer les
ouvriers contre les accidents, la maladie et la vieillesse, en imposant la plus grosse part des frais de
cette assurance aux entreprises industrielles et aux
contribuables. L'application de la tutelle de l'État à
des êtres incapables de se protéger eux-mêmes et
dont les tuteurs naturels, oublieux de leurs devoirs,
exploitent hâtivement les forces naissantes, peut
sans doute se justifier, malgré son caractère arbitraire et sa douteuse efficacité. Mais il n'en est pas
de même des lois d'assurance. Ces lois ont le
défaut, d'ailleurs inévitable, de s'imposer à toute
une catégorie sociale, sans excepter les individus
capables de s'assurer eux-mêmes et de choisir un
mode d'assurance mieux approprié à leur situation
particulière que celui qui leur est rendu obligatoire ;
elles grèvent l'industrie d'un fardeau qui, en
augmentant ses frais de production et en amoin-
drissant ainsi son débouché, finit par retomber sur
les assurés ; enfin, si, comme le prétendent les
socialistes, la société est obligée de garantir la vie
et le bien-être de l'individu, le gouvernement qui

la représente ne devra-t-il pas être investi sur lui d'un pouvoir souverain? Sous peine de réduire promptement à la misère la société elle-même, ne devra-t-il pas être autorisé à régler la consommation et la reproduction de ses assurés, comme le maître réglait celles de son troupeau d'esclaves? Ce serait, au lieu d'un progrès, le retour à la forme initiale et barbare de la servitude.

On ne saurait affirmer cependant qu'il n'y aura point, dans la société future, une catégorie plus ou moins nombreuse d'individus incapables de gouverner utilement leur vie et de régler leur consommation sans nuire à eux-mêmes et à autrui, auxquels, en un mot, une tutelle destinée à suppléer à l'insuffisance de leurs facultés gouvernantes et à en aider la croissance par une culture appropriée, pourra être nécessaire. Mais nous croyons avoir démontré que cette tutelle ne serait nullement incompatible avec le régime de liberté vers lequel s'achemine l'humanité [1]. On a reconnu de tous temps aux parents un droit de tutelle sur leurs enfants mineurs, sauf à fixer d'une manière égali-

---

[1] Voir les *Notions fondamentales*, 3ᵉ partie, chap. v. *Le self government. La tutelle.*

taire et plus ou moins arbitraire un âge où la
minorité cesse. Mais il y a des mineurs à tout âge.
Pourquoi leur refuserait-on un droit que possèdent
les parents sur leurs enfants et la société sur ceux
de ses membres qu'elle juge incapables de se gouverner eux-mêmes ? S'ils se reconnaissent incapables de supporter dans toute son étendue la
responsabilité attachée à la liberté, pourquoi leur
interdirait-on de se placer sous un régime adapté
à l'état d'insuffisance de leurs facultés gouvernantes ? Qui mieux qu'eux-mêmes peut apprécier
le degré de responsabilité, partant de liberté, dont
ils sont capables ?

Nous avons vu ailleurs comment pourra s'organiser la tutelle libre des individualités incapables, à
des degrés divers, de se gouverner elles-mêmes [1].
Mais le progrès n'en consistera pas moins à étendre
la sphère du *self government* individuel et à généraliser la liberté de la consommation comme celle
de la production.

[1] Voir *les Bourses du travail*, Appendice, p. 188; et les *Notions fondamentales*, Appendice, p. 437. *L'abolition de l'esclavage africain.*

CHAPITRE XIV

L'expansion de la civilisation.

Le mouvement d'expansion des peuples appartenant à notre civilisation a commencé dans le courant du xve siècle, et il se poursuit de nos jours plus activement que jamais. La race blanche a soumis à sa domination la plus grande partie du globe ; elle occupe les deux Amériques et l'Australie ; elle est en train de se partager l'Afrique et elle tient déjà sous sa dépendance la plus grande partie de l'Asie. Nulle part les nations entre lesquelles elle se partage ne rencontrent une résistance qu'elles ne puissent surmonter sans grand effort, grâce à la supériorité écrasante de leurs appareils de destruction et l'abondance de leurs capitaux. Elles sont devenues les maîtresses du monde.

Mais leurs procédés de conquête et de domination ne diffèrent pas sensiblement de ceux dont usaient les Barbares dans leurs invasions du domaine de la civilisation.

C'était par le massacre et le pillage auxquels ils faisaient succéder, quand le pillage cessait d'être productif, l'occupation permanente des territoires conquis et l'exploitation régulière des populations assujetties, que procédaient les Barbares; ce sont les mêmes procédés que les peuples civilisés ont mis en œuvre lorsque, devenus les plus forts, ils ont envahi, à leur tour, les parties du globe occupées par les Barbares et les peuples arriérés. Les Espagnols et les Portugais ont donné à cet égard un exemple que leurs successeurs et leurs émules, Hollandais, Anglais, Français, ont imité. Sauf quelques différences, le système colonial issu des découvertes et des conquêtes extra-européennes était établi et organisé en vue de l'exploitation des pays conquis, au profit exclusif de l'oligarchie politique et guerrière qui gouvernait la métropole et des corporations industrielles et commerçantes auxquelles elle concédait, moyennant finance, le privilège de l'approvisionnement des colonies et de l'importation de leurs produits. Les conquistadores espagnols se signalèrent, comme on sait, entre tous, par leur avidité insatiable et leur humeur sanguinaire. Ils débutèrent par une orgie de massacre et de pillage, et ce fut seulement lorsqu'ils eurent fait rafle de l'or, de l'argent et des autres richesses mobilières des Antilles, du Mexique et du Pérou, qu'ils procédèrent au partage et à l'exploitation des richesses immobilières, de la terre et de son cheptel humain. Les vastes contrées soumises à la domination espagnole fournirent un ample et fructueux débouché aux membres de la classe gouvernante, fonctionnaires militaires et civils ou concessionnaires de domaines exploités par des Indiens réduits en servitude, et, quand ceux-ci eurent succombé sous le faix, par des esclaves importés d'Afrique. Mais, à part un petit nombre d'industriels et de commerçants privilégiés auxquels le monopole du marché colonial procurait de rapides fortunes, le reste de la nation ne tirait des colonies aucun profit qui compensât les frais énormes de leur conservation. Objet des convoitises des oligarchies gouvernantes des nations rivales, elles exigeaient un coûteux appareil de défense et susci-

taient des guerres continuelles. Ces guerres néces-
sitaient des augmentations d'impôts qui découra-
geaient l'industrie, multipliaient les sans travail et
réduisaient la multitude à l'oisiveté et à la misère.
Tout en enrichissant temporairement un petit nombre de familles influentes, — temporairement,
disons-nous, car elles n'ont pas manqué d'être en-
veloppées plus tard dans l'appauvrissement général,
— le système colonial, plus qu'aucune autre cause,
a contribué à la décadence de l'Espagne. Ce système de conquête et d'exploitation n'a pas eu de
meilleurs résultats ailleurs, à le considérer du
moins au point de vue de l'intérêt général des nations. S'il a profité aux oligarchies gouvernantes,
aristocratiques ou bourgeoises, en France, en Hol-
lande, en Angleterre, il a été un fardeau pour la
multitude, obligée de pourvoir aux frais des guerres
que leur possession a suscitées et de supporter le
renchérissement artificiel des denrées coloniales,
protégées sur le marché de la métropole. Enfin, le
jour est venu où les colonies ont entrepris de se-
couer le joug qui pesait sur elles. Dans les colonies
espagnoles, la guerre d'émancipation a eu pour
promoteurs les aspirants aux emplois militaires et

civils qui voulaient expulser les fonctionnaires métropolitains pour prendre leur place ; dans les colonies anglaises, les colons, propriétaires du sol, commerçants ou artisans, qui revendiquaient le droit, possédé par leurs congénères de la mère-patrie, de ne pas être taxés sans leur consentement. Aux frais qu'avaient coûtés les guerres entreprises pour la conquête et la défense des colonies succédèrent ceux des guerres provoquées par leur révolte. La guerre de l'indépendance américaine, pour ne parler que de celle-là, doubla la dette de l'Angleterre, et creusa dans les finances de la France un déficit qui détermina l'explosion prématurée de la Révolution. Si l'on faisait le bilan des entreprises coloniales de la fin du xve siècle au commencement du xixe, on trouverait, à coup sûr, que le passif en dépasse singulièrement l'actif. Sans doute, l'extension des débouchés ouverts à l'industrie et au commerce des peuples colonisateurs a été une cause active de progrès, mais ces débouchés n'auraient-ils pu être acquis par des procédés moins coûteux et moins barbares ?

Après une période de ralentissement, le mouvement d'expansion des peuples civilisés a repris une nouvelle énergie, mais les procédés dont ils font usage pour étendre leur domination n'ont pas changé ; ils sont même devenus plus onéreux pour les nations conquérantes sans être moins destructeurs pour les peuples conquis. Tandis que, sous l'ancien régime, les gouvernements laissaient une part, parfois très large, aux entreprises particulières dans l'œuvre de la conquête et de l'exploitation des contrées, demeurées en dehors du domaine de la civilisation, en déléguant leurs droits régaliens à des compagnies mi-politiques, mi-marchandes, de nos jours, ils se réservent, sauf de rares exceptions, à eux-mêmes, l'œuvre de la conquête et de l'administration des contrées qu'ils annexent à leur domaine colonial. L'objectif qu'ils prétendent avoir en vue, c'est l'intérêt général de l'industrie et du commerce ; mais en fait, c'est à l'intérêt particulier de la classe politiquement influente, dont leur existence dépend, qu'ils obéissent. Cette classe, qui constitue l'élément actif de la masse électorale, est avide de fonctions publiques, et c'est dans son sein que se recrute principalement le personnel qui vit du budget. A ce personnel de fonctionnaires civils et militaires se joint celui des entrepreneurs d'industrie et de leurs commanditaires, à la recherche de débouchés abrités contre la concurrence étrangère. Or, depuis que les guerres entre les peuples civilisés sont devenues trop coûteuses pour être fréquentes, et qu'elles ne procurent plus que rarement des agrandissements de territoire, les classes gouvernantes sont réduites à chercher en dehors du domaine de la civilisation, des marchés réservés pour le trop-plein de leurs fonctionnaires et pour les industriels en quête de protection. Mais les profits des bénéficiaires de ce système sont peu de chose en comparaison des charges qu'il impose aux nations. Les colonies françaises, par exemple, coûtent à la métropole une somme presque égale au montant des produits qu'elle y exporte, en sorte que ce n'est rien exagérer de dire que de toutes les entreprises de l'État, la colonisation est celle qui coûte le plus cher et rapporte le moins.

Quoique les colonies anglaises coûtent moins cher à la métropole et rapportent davantage, on peut douter que le compte de l'expansion britannique se solde par un bénéfice. Si le budget du *Colonial office* n'exige qu'une somme relativement peu considérable, il en est autrement des budgets de la guerre et de la marine, dont la protection des possessions britanniques et les querelles incessantes que suscite la politique d'expansion, nécessitent l'accroissement continu. En supposant que l'État bornât son ambition à assurer la sécurité du Royaume-Uni, il pourrrait réduire, d'une manière sensible, le colossal appareil de destruction dont la nation est obligée de supporter le fardeau. Et il ne faut pas oublier que les impôts nécessaires pour en couvrir les frais n'ont pas seulement pour effet de diminuer les revenus privés de la somme dont ils augmentent le revenu public, avec adjonction des frais de perception ; qu'ils élèvent les frais de production de la généralité des industries et les rendent ainsi moins capables de soutenir l'effort de la concurrence étrangère. A mesure que cette concurrence ira se développant, les charges militaires et navales, toujours croissantes, que nécessite la politique d'expansion coloniale apparaîtront davantage comme une cause d'affaiblissement et de décadence pour l'industrie britannique [1].

---

[1] Appendice, note D. Ce que coûte et ce que rapporte le colonialisme d'État.

Si l'on examine enfin cette politique, au point de
vue de l'intérêt des populations que les gouvernements des nations civilisées assujettissent à leur
domination, elle paraîtra plus nuisible encore.
Nulle part la conquête et l'exploitation des contrées occupées par les peuples barbares ou appartenant à une civilisation inférieure n'ont élevé mo-
ralement et matériellement leur condition. Le
trait caractéristique de ces conquêtes, c'est la destruction : destruction des populations plus encore
par les vices et les maladies des conquérants que
par leurs armes, destruction des richesses naturelles par une exploitation avide et imprévoyante
qui coupe l'arbre pour avoir le fruit.

Supposons maintenant que l'état de paix succédant à l'état de guerre, la multitude vouée aux
travaux de la production acquière dans le monde
civilisé et pacifié une prépondérance décisive et
qu'elle refuse de contribuer de son sang et de son
argent à des conquêtes profitables seulement à une
minorité de fonctionnaires civils et militaires et
d'industriels privilégiés, qu'elle y soit d'ailleurs
contrainte par la nécessité d'abaisser au minimum

ses frais de production, sous la pression de la concurrence universalisée, que l'acquisition et l'exploitation des contrées demeurées en dehors du domaine des peuples civilisés deviennent exclusivement l'affaire de compagnies libres de colonisation, l'expansion de la civilisation, sans être moins rapide, sera plus économique et plus sûre. Dans le système actuel de conquête et d'exploitation, sous la direction de l'État et aux frais des contribuables, c'est l'intérêt de la classe gouvernante de la métropole qui est l'objectif de l'entreprise : l'intérêt de la population conquise et assujettie est complètement subordonné, et, en toute occasion, sacrifié à celui de ses conquérants et de ses maîtres. Il en sera autrement lorsque des compagnies constituées sans limitation de durée et sans restrictions, quant au recrutement de leur personnel et à l'exercice de leur industrie, entreprendront, à leurs risques et périls, de mettre en valeur les richesses naturelles des contrées occupées par des populations en retard ou en décadence. Ces populations, elles seront intéressées à développer leurs facultés productives, par conséquent à élever leur condition matérielle et morale, et à étendre ainsi, sans recourir aux procédés, à la fois onéreux et barbares de la conquête, le domaine de la civilisation [1].

[1] Voir notre brochure intitulée : *La Conquête de la Chine.* Bruxelles, C. Mucquardt; Londres, William et Norgate. 1856.

CHAPITRE V

Résumé et conclusion.

L'homme est doué d'aptitudes plus nombreuses qu'aucune des autres espèces qui peuplent notre globe ; il possède des facultés dont elles sont dépourvues ou pourvues à un moindre degré, et des organes adaptés à leur mise en œuvre. C'est grâce à cette supériorité naturelle de ses facultés et de son organisme qu'il a pu se séparer de l'animalité et s'élever à la civilisation. Nous n'avons pas à rechercher si cet être supérieur a été créé d'emblée et de toutes pièces par une puissance surhumaine ou s'il a été le produit lentement élaboré d'une force intelligente investie dans la matière. Il nous suffit de savoir dans quelles conditions d'existence il a été placé et de connaître le mobile de son activité. Les conditions d'existence d'abord. L'homme est un composé de matières et de forces qui ont besoin d'être alimentées, sinon leur vitalité dépérit et finit par s'éteindre. C'est le besoin d'alimentation ou de consommation impliquant la nécessité de la production. L'homme est soumis, de plus, à des risques de destruction provenant du milieu où il vit. C'est le besoin de sécurité impliquant la nécessité de l'assurance. Ces deux sortes de besoins se manifestent par la souffrance que cause toute déperdition de la vitalité. L'homme éprouve une souffrance quand il les ressent, une jouissance quand il les satisfait. Il est obligé pour les satisfaire de se livrer à deux sortes de travail : travail de production des matériaux réparateurs de sa vitalité, travail de destruction des êtres et des choses qui la menacent. Or, tout travail, soit de production, soit de destruction, nécessite une dépense préalable de forces vitales, partant, une souffrance. Cela étant, l'homme n'est excité à travailler qu'autant que le résultat de son travail lui procure ou lui assure une somme de vitalité supérieure à celle qu'il dépense, partant, une jouissance ou une épargne de peine supérieure à la souffrance. Tel est le mobile de l'intérêt qui détermine l'activité de l'homme comme de toutes les autres créatures. Sous l'impulsion de ce mobile, l'homme est excité encore à satisfaire ses besoins, soit d'alimentation, soit de sécurité, moyennant la moindre dépense, ou, ce qui revient au même, à obtenir en échange de la même dépense la plus grande somme de pouvoir de satisfaction de ses besoins. Cependant cette excitation à diminuer sa dépense ou à en augmenter le résultat suffirait-elle à le déterminer à perfectionner ses moyens de production ou de destruction? Non, car tout progrès exige un effort, une dépense supplémentaire de force vitale, partant, une souffrance ; pour que l'homme fasse cet effort, consente à cette dépense de surcroît, il faut qu'il y soit excité par un surcroît de peine ou de souffrance. Ce complément d'excitation, qui est la condition nécessaire de tout progrès, se produit par l'opération de la concurrence vitale. Dès que les hommes se sont multipliés dans une proportion qui dépassait celle des matériaux de vitalité que leur offrait la nature, la lutte s'est engagée entre eux et les variétés ou les espèces concurrentes. Les concurrents physiquement les plus forts l'ont emporté et ont survécu, tandis que les plus faibles ont succombé. Alors ceux-ci ont été excités au plus haut point à faire l'effort supplémentaire qu'exigeait l'invention des procédés, des armes ou des outils propres à remédier à l'insuffisance de leur force physique. C'est donc la concurrence qui a été le moteur du progrès en le rendant nécessaire, sous peine d'une perte totale de la vitalité, impliquant un maximum de souffrance.

Nous avons vu comment elle a agi dans la première phase de l'existence de l'humanité, comment, dans la lutte des hommes avec les espèces plus fortes et mieux armées, elle les a excités à associer et à combiner leurs forces, à suppléer par un armement artificiel à l'insuffisance de leur armement naturel, à recourir à la destruction des concurrents les plus faibles pour empêcher la raréfaction des subsistances disponibles, et, finalement, à remplacer la destruction et le pillage des plus faibles par l'asservissement et l'exploitation régulière de leurs facultés productives, en ouvrant ainsi une nouvelle et féconde période de progrès par la constitution des États politiques.

C'est entre les sociétés propriétaires de cette sorte d'entreprises et celles qui continuaient à vivre de chasse et de pillage, puis entre ces sociétés elles-mêmes, que s'est poursuivie dans cette période la lutte pour la vie. Subsistant du produit net du travail des populations assujetties, produit net qu'elles percevaient en totalité ou en partie sous forme de corvées, d'impôts ou de redevances, les sociétés propriétaires d'États étaient intéressées à agrandir leurs domaines pour augmenter leurs moyens de subsistance, et elles ne pouvaient les agrandir qu'aux dépens les unes des autres. La lutte pour l'acquisition des matériaux de la vie se continuait ainsi sous sa forme destructive, et elle donnait dans cette période, comme dans la précédente, la victoire aux sociétés qui possédaient la plus grande somme de forces, la plus grande puissance applicable à la destruction. Mais la puissance d'un État se compose de plusieurs éléments, savoir : d'un gouvernement apte à conserver et à augmenter les forces de la société, à les concentrer et à les mettre en œuvre ; d'une armée capable de développer la plus grande puissance destructive, enfin, d'une population assez industrieuse et économe pour fournir les avances nécessaires à la constitution et à la mise en œuvre de l'appareil de la destruction, — avances de plus en plus considérables, à mesure que cet appareil se perfectionne, et que s'augmente, sous ces divers rapports, la puissance des États concurrents.

Les États dans lesquels ces éléments constitutifs de la puissance se sont développés au plus haut degré, l'ont emporté dans les luttes de la concurrence sous sa forme destructive de guerre, ils ont fini par acquérir une prépondérance décisive sur les hordes barbares et pillardes, dont ils ont cessé de redouter les invasions et ils sont devenus les maîtres du monde. Mais ce résultat en a impliqué un autre que ne visaient point les concurrents, savoir l'établissement de la sécurité de la civilisation. Or, du moment où la guerre a cessé d'être productive de sécurité, elle a perdu sa raison d'être ; après avoir été utile, elle est devenue nuisible.

Cependant, pour que l'état de guerre prenne fin, il ne suffit pas que la guerre cesse d'être utile, c'est-à-dire conforme à l'intérêt général et permanent de l'espèce, il faut qu'elle cesse d'être profitable aux nations qui continuent à la faire ; qu'au lieu de se solder par un profit pour le vainqueur, elle se solde par une perte. En est-il ainsi ?

Cette question comporte deux solutions opposées,

selon que l'on considère l'intérêt de la classe en possession du gouvernement des nations ou celui de la multitude gouvernée, autrement dit des producteurs ou des consommateurs de services publics. La classe gouvernante est immédiatement intéressée à multiplier les services qui constituent son débouché, fussent-ils inutiles ou même nuisibles, et à les faire payer au prix le plus élevé, tandis que la multitude gouvernée est intéressée, au contraire, à ne recevoir que ceux qui lui sont nécessaires et à les payer le moins cher possible. Or, l'état de guerre et le pouvoir illimité qu'il implique sur la vie et les biens de la généralité des membres de la nation permettent à la classe gouvernante d'étendre indéfiniment à son profit les attributions de l'État et d'agrandir ainsi son débouché. Et dans tous les pays civilisés, l'appareil de la destruction, les services qu'il nécessite et dont le nombre va croissant à mesure que s'augmente la puissance des États en lutte, forment une portion considérable de ce débouché. En temps de paix, cet appareil de destruction fournit des emplois particulièrement honorables, assurés sinon lucratifs, aux membres de la hiérarchie des militaires professionnels ; en temps

de guerre, il leur procure, quelle que soit l'issue de
la lutte, une solde supplémentaire et des chances
d'avancement qui compensent, et au delà, les risques
afférents à leur industrie. L'état de guerre n'a
donc pas cessé d'être profitable à la classe gouvernante et au personnel dirigeant de l'industrie de la
destruction. Il l'est même devenu plus que jamais
depuis que la transformation de l'industrie, en
augmentant dans des proportions extraordinaires
la richesse des nations, a permis de demander à
l'impôt et au crédit les sommes de plus en plus
considérables que nécessite la lutte entre des
États de plus en plus puissants.

Mais, tandis que l'état de guerre est devenu plus
profitable à la classe des producteurs de services
publics, il est devenu plus onéreux et plus domma-
geable à la multitude des consommateurs de ces
services. En temps de paix, cette multitude supporte, avec le fardeau de la paix armée, l'abus du
pouvoir illimité de taxer à son profit et à celui de
ses soutiens que l'état de guerre confère au pouvoir
chargé de la défense de la nation ; en temps de
guerre, et quelle que soit l'issue de la lutte, elle
subit maintenant, sans la compensation d'un affai-

blissement du risque de destruction du monde civilisé par le monde barbare, le dommage direct d'un accroissement de dépenses, nécessairement accompagné d'un accroissement de dettes et suivi d'un accroissement d'impôts, avec le dommage indirect d'une crise qui va s'aggravant à mesure que les échanges se multiplient dans l'espace et le temps.

Le bilan de l'état de guerre se solde donc en bénéfice pour la classe gouvernante, en perte pour la multitude gouvernée. Que la perte de celle-ci dépasse le bénéfice de celle-là, il suffit pour s'en assurer de jeter un simple coup d'œil sur les budgets des États civilisés, et, en particulier, sur le chapitre de la dette. Mais il n'en faudrait pas conclure que l'état de guerre soit de sitôt destiné à prendre fin. Au moment où nous sommes, la classe gouvernante n'a pas cessé de concentrer entre ses mains une puissance bien autrement considérable que celle qui se trouve répandue, pour ainsi dire, à l'état amorphe dans la multitude gouvernée. Sans doute, celle-ci s'est maintes fois soulevée contre des gouvernements qui lui faisaient payer leurs services à un prix excessif, et qui l'accablaient de servitudes intolérables, mais quand son effort était victorieux, il n'aboutissait qu'à remplacer une classe gouvernante par une autre, ordinairement plus nombreuse mais de qualité inférieure, et cette révolution n'avait et ne pouvait avoir pour résultat qu'une augmentation des charges publiques et une recrudescence de l'état de guerre [1].

Mais l'état de guerre n'en aura pas moins un terme inévitable. En accroissant par une progression continue, et on pourrait dire automatique, les charges de la multitude gouvernée, il finira par tarir la source où s'alimentent les revenus de la classe gouvernante. Alors, les influences mêmes qui maintiennent artificiellement l'état de guerre depuis qu'il a perdu sa raison d'être, agiront pour y mettre fin, et une période nouvelle et meilleure, période de paix et de liberté, s'ouvrira dans l'existence de l'humanité. A l'organisation politique et économique adaptée à l'état de guerre succédera celle dont nous avons essayé de donner une esquisse, fondée sur l'observation du mobile et des lois naturelles qui gouvernent l'activité humaine;

[1] Voir l'*Évolution politique et la Révolution*, chap. ix. La Révolution française.

— ceci à la différence des conceptions socialistes fondées, au contraire, sur l'ignorance ou la négation de ces lois [1].

Il resterait à rechercher quelle a été dans ce grand travail de la civilisation la part des lois naturelles et celle de la liberté de l'homme ; enfin, quel est le but en vue duquel s'est accompli ce travail qui a élevé successivement l'espèce humaine au-dessus de l'animalité avec laquelle elle était, à l'origine, confondue.

Que la part des lois naturelles ait été prépondérante, en ce qu'elles ont déterminé les progrès dont l'ensemble se résume dans ce mot : civilisation, en les imposant sous peine de décadence et de mort, aux différentes sociétés entre lesquelles s'est partagée l'humanité, que la pression de la concurrence vitale, sous ses formes successives, ait provoqué l'invention et l'application de mécanismes et de procédés de gouvernement, de destruction et de production de plus en plus efficaces et puissants, c'est-à-dire de plus en plus conformes à la loi de l'économie des forces, cela ne saurait être con-

____

[1] Appendice, note E. *Le concept économique et les concepts socialistes de la société future.*

testé, mais il ne s'ensuit pas qu'aucune part n'ait
été laissée à la liberté de l'homme dans l'œuvre de
la civilisation. Il en est, à cet égard, des lois économiques comme des lois physiques. L'homme est
libre de se conformer ou non à la loi physique de
la pesanteur dans la construction de ses habitations,
mais s'il contrevient à cette loi naturelle, elles ne
tarderont pas à s'écrouler. De même, il est libre
d'observer ou non les lois économiques ; mais les
sociétés qui se dérobent à la pression de la concurrence, et au sein desquelles les hommes usent de
leur liberté, dans leur gouvernemeut collectif
comme dans leur gouvernement individuel, pour
gaspiller leurs forces au lieu de les conserver et de
les accroître, ces sociétés tombent en décadence et
font place à celles qui ont mieux obéi aux lois
économiques. Il en a été ainsi dans le passé, il
n'en sera pas autrement dans l'avenir. Seulement,
dans l'ascension de l'humanité, la part de la liberté
de l'individu sur la destinée de la société dont il
est membre et de l'espèce tout entière, cette part
s'est continuellement accrue. Dans les anciennes
sociétés, l'intelligence et la volonté d'une minorité
dirigeante, seules, étaient à l'œuvre, la multitude

obéissant passivement à l'impulsion qu'elle en recevait et suivant les règles qui lui étaient imposées sans user de sa liberté pour les contrôler. Il en est encore trop souvent de même dans les sociétés actuelles ; mais, lorsque les servitudes nécessitées par l'état de guerre auront disparu, lorsque le gouvernement collectif sera réduit à ses limites naturelles, lorsque l'individu aura acquis toute sa liberté d'action, la part du libre arbitre de chacun sur les destinées de la société et de l'humanité ira grandissant ; seulement l'obligation s'imposera aussi, plus rigoureusement que jamais, de connaître les lois dont l'observation est nécessaire à l'existence de la société, et de s'y conformer.

Mais à quelle fin s'est élevé, sous l'impulsion des lois naturelles, l'édifice de la civilisation ? Ces lois que l'homme n'a point faites lui ont *imposé* les progrès qui ont augmenté successivement sa puissance sur la nature. Dans quel but ? Serait-ce en vue de son bonheur ? Mais si ces progrès ont diminué la somme des souffrances et augmenté celle des jouissances de l'espèce humaine, considérée dans son ensemble et sa durée, on ne saurait dire qu'ils aient eu pour résultat l'accroissement du

bonheur de ceux-là même qui en ont été les artisans et ils ont le plus souvent causé un mal actuel
pour procurer un bien futur. La diminution des
souffrances et l'augmentation des jouissances peuvent être la conséquence du progrès. Elles n'en
sont pas le but. Ce but, c'est l'accroissement de la
puissance de l'espèce humaine, en vue d'une destination qui nous est inconnue.

III

APPENDICE

APPENDICE

Note A. — Le tsar et le désarmement.

Que les souverains eux-mêmes commencent à se préoccuper des conséquences désastreuses de la prolongation artificielle de l'état de guerre, on en trouve la preuve dans l'initiative du Tsar en faveur du désarmement. Le 12/24 août 1898, le comte Mouraview, ministre des affaires étrangères de Russie, remettait par ordre de l'Empereur à tous les représentants étrangers accrédités à Saint-Pétersbourg, cette note :

« Le maintien de la paix générale et une réduction possible des armements excessifs qui pèsent sur toutes les nations, se présentent, dans la situation actuelle du monde entier, comme l'idéal auquel devraient tendre les efforts de tous les gouvernements.

« Les vues humanitaires et magnanimes de Sa Majesté l'empereur, mon auguste maître, y sont entièrement acquises, dans la conviction que ce but élevé répond aux intérêts les plus essentiels et aux vœux légitimes de toutes les puissances; le gouvernement impérial croit que le moment présent serait très favorable à la recherche, dans la voie de la discussion internationale, des moyens les plus efficaces à assurer à tous les peuples les bienfaits d'une paix réelle et durable et à mettre avant tout un terme au développement progressif des armements actuels.

« Au cours des vingt dernières années, les aspirations à un apaisement général se sont particulièrement affirmées dans la conscience des nations civilisées. La conservation de la paix a été posée comme le but de la politique internationale. C'est en son nom que les grands États ont conclu entre eux de puissantes alliances; c'est pour mieux garantir la paix qu'ils ont développé, dans des proportions inconnues jusqu'ici, leurs forces militaires et continuent encore à les accroître sans reculer devant aucun sacrifice.

« Tous ces efforts n'ont pu aboutir encore aux résultats bienfaisants de la pacification souhaitée. Les charges financières, suivant une marche ascendante, atteignent la prospérité publique dans sa source. Les forces intellectuelles et physiques des peuples, le travail et le capital, sont en majeure partie détournés de leur application naturelle et consumés improductivement. Des centaines de millions sont employés à acquérir des engins de destruction effroyables qui, considérés aujourd'hui comme le dernier mot de la science, sont destinés à perdre toute valeur à la suite de quelque nouvelle découverte dans ce domaine. La culture nationale, le progrès économique et la production des richesses se trouvent paralysés ou faussés dans leur développement; aussi, à mesure qu'ils s'accroissent, les armements de chaque puissance répondent-ils de moins en moins au but que les gouvernements s'étaient proposé.

« Les crises économiques, dues en grande partie au régime des armements à outrance et au danger continuel qui gît dans cet amoncellement du matériel de guerre, transforment la paix armée de nos jours en fardeau écrasant que les peuples ont de plus en plus de peine à porter. Il paraît évident dès lors que, si cette situation se prolongeait, elle conduirait fatalement à ce cataclysme même qu'on tient à écarter et dont les horreurs font frémir à l'avance toute pensée humaine. Mettre un terme à ces armements incessants et rechercher les moyens de prévenir des calamités qui menacent le monde entier, tel est le devoir suprême qui s'impose aujourd'hui à tous les États.

« Pénétrée de ce sentiment, Sa Majesté a daigné m'ordonner de proposer à tous les gouvernements dont les représentants sont accrédités près la cour impériale la réunion d'une conférence qui aurait à s'occuper de ce grave problème.

« Cette conférence serait, Dieu aidant, d'un heureux présage pour le siècle qui va s'ouvrir; elle rassemblerait dans un puissant faisceau les efforts de tous les États qui cherchent sincèrement à faire

triompher la grande conception de la paix universelle
sur les éléments de trouble et de discorde.

« Elle cimenterait en même temps leurs accords
par une consécration solidaire des principes d'équité
et de droit sur lesquels reposent la sécurité des États
et le bien-être des peuples. »

A la suite de cette note la circulaire suivante,
résumant les thèmes à soumettre à la Conférence, a
été adressée encore par le comte Mouraview, le 30 dé-
cembre 1898 — 13 janvier 1899 —, aux représentants
des puissances à Saint-Pétersbourg :

« Lorsqu'au mois d'août dernier mon auguste
maître m'ordonnait de proposer aux gouvernements
dont les représentants se trouvent à Saint-Pétersbourg
la réunion d'une Conférence destinée à rechercher les
moyens les plus efficaces d'assurer à tous les peuples
les bienfaits d'une paix réelle et durable et de mettre
avant tout un terme au développement progressif
des armements actuels, rien ne semblait s'opposer à
la réalisation plus ou moins prochaine de ce projet
humanitaire.

« L'accueil empressé fait à la demande du gouvernement impérial par presque toutes les puissances
ne pouvait que justifier cette entente. Appréciant
hautement les termes sympathiques dans lesquels
était conçue l'adhésion de la plupart des gouvernements, le Cabinet impérial a pu recueillir en même
temps, avec une vive satisfaction, les témoignages

du plus chaleureux assentiment qui lui ont été adressés et qui ne cessent de parvenir de toutes les classes de la société et de tous les points du monde.

« Malgré le grand courant d'opinion qui s'était produit en faveur des idées de pacification générale, l'horizon politique a sensiblement changé d'aspect. En ces derniers temps, plusieurs puissances ont procédé à des armements nouveaux, s'efforçant d'accroître encore leurs forces militaires, et, en présence de cette situation incertaine, on pourrait être amené à se demander si les puissances ont jugé le moment actuel opportun pour la discussion internationale des idées émises dans la circulaire du 12 août.

« Espérant toutefois que les éléments de trouble qui agitent les sphères politiques feront bientôt place à des dispositions plus calmes et de nature à favoriser le succès de la Conférence projetée, le gouvernement impérial est d'avis qu'il serait possible de procéder dès à présent à un échange préalable d'idées entre les puissances dans ce but, et de rechercher sans retard les moyens de mettre un terme à l'accroissement progressif des armements de terre et de mer, question dont la solution devient évidemment de plus en plus urgente, en vue de l'extension nouvelle donnée à ces armements, et de préparer les voies à une discussion des questions se rapportant à la possibilité de prévenir les conflits armés par les moyens pacifiques dont peut disposer la diplomatie internationale.

« Dans le cas où les puissances jugeraient le moment actuel favorable à la réunion d'une Conférence sur ces bases, il serait certainement utile d'établir entre les Cabinets une entente au sujet du programme de ses travaux ; les thèmes à soumettre à une discussion internationale au sein de la Conférence pourraient en traits généraux se résumer comme suit :

« 1° Entente stipulant la non-augmentation pour un terme à fixer des effectifs actuels des forces armées de terre et de mer, ainsi que des budgets de guerre y afférents : étude préalable des voies dans lesquelles pourrait même se réaliser dans l'avenir une réduction des effectifs et des budgets ci-dessus mentionnés ;

« 2° Interdiction de la mise en usage, dans les armées et les flottes, de nouvelles armes à feu quelconques et de nouveaux explosifs, aussi bien que de poudres plus puissantes que celles adoptées actuellement tant pour les fusils que pour les canons.

« 3° Limitation de l'emploi dans les guerres de campagne, des explosifs d'une puissance formidable déjà existants et prohibition du lancement de projectiles ou d'explosifs quelconques du haut des ballons et par des moyens analogues ;

« 4° Défense d'employer dans les guerres navales des bateaux torpilleurs sous-marins ou plongeurs ou d'autres engins de destruction de la même nature ; engagement de ne pas construire à l'avenir de navires de guerre à éperon ;

« 5° Adaptation aux guerres maritimes des stipulations de la convention de Genève de 1864 sur la base des articles additionnels de 1868 ;

« 6° Neutralisation, au même titre, des navires ou chaloupes chargés du sauvetage des naufragés, pendant ou après les combats maritimes ;

« 7° Revision de la déclaration concernant les us et coutumes de la guerre, élaborée en 1874 par la Conférence de Bruxelles et restée non ratifiée jusqu'à ce jour ;

« 8° Acceptation, en principe, de l'usage des bons offices, de la médiation et de l'arbitrage facultatif pour des cas qui s'y prêtent, dans le but de prévenir des conflits armés entre les nations ; entente au sujet de leur mode d'application et établissement d'une pratique uniforme dans leur emploi.

« Il est bien entendu que toutes les questions concernant les rapports politiques des États et l'ordre de choses établi par les traités comme, en général, toutes les questions qui ne rentreront pas directement dans le programme adopté par les Cabinets, devront être absolument exclues des délibérations de la Conférence.

« En vous adressant, Monsieur, la demande de bien vouloir prendre, au sujet de ma présente communication, les ordres de votre gouvernement, je vous prie en même temps de porter à sa connaissance que, dans l'intérêt de la grande cause qui tient si particulièrement à cœur à mon auguste maître, Sa Majesté Impériale juge qu'il serait utile que la Conférence ne siégeât pas dans la capitale de l'une des grandes puissances, où se concentrent tant d'intérêts politiques, qui pourraient peut-être réagir sur la marche d'une œuvre à laquelle sont intéressés, à un égal degré, tous les pays de l'univers. »

A l'appui de la note, le *Messager officiel* russe publiait un article très documenté faisant le dénombre- des forces militaires des différents États du globe :

« La Russie est le pays d'Europe dont les forces militaires sont les plus considérables; en temps de paix la Russie a sous les armes un million de soldats; le contingent annuel est de 280,000 hommes. En cas de mobilisation la Russie peut mettre sur pied deux millions et demi de soldats auxquels il faut ajouter environ 6,947,000 réservistes et miliciens. C'est donc près de 9 millions d'hommes dont la Russie peut disposer en cas de guerre. Vient ensuite la France avec son armée permanente de 589,000 hommes, pouvant être portés en cas de mobilisation au chiffre de 2,500,000 combattants. Si on y ajoute les troupes de réserve, on atteint 4,370,000 hommes. L'armée allemande, dont les cadres sont particulièrement bien organisés, a un effectif de paix de 585,000 hommes; en dix jours cette armée peut être mobilisée, et le chiffre en serait porté à 2,230,000 combattants; en y ajoutant les réserves, l'armée allemande peut être évaluée à 4,300,000 hommes.

« L'armée permanente de l'Autriche-Hongrie s'élève à 365,000 hommes; en cas de guerre elle peut être portée à 2,500,000 hommes, et avec les réserves s'élever à 4,000,000 de combattants. L'Italie a une armée permanente de 174,000 hommes ; en cas de guerre cette armée peut être portée au chiffre de 1,473,000 hommes, plus 727,000 réservistes, ce qui fait un total de 2,200,000 combattants. L'armée permanente la plus faible est celle de la Grande-Bretagne ; celle-ci peut mettre sur pied environ 220,000 hommes, et avec la réserve, la milice et les volontaires, tout au plus 720,000 combattants.

« Les chiffres ci-dessus ne donnent cependant pas un aperçu complet de ce que peuvent être les armées européennes ; il est difficile de se faire une idée de ce que représente un million de soldats. Il est facile de dire que la Russie, en cas de guerre, peut mettre sur pied 7 millions de combattants ; mais il serait plus difficile de le supputer, il faudrait pour cela plusieurs mois. On peut se représenter, d'autre part, quelle étendue de terrain occuperait l'armée française si elle était en ligne. Elle couvrirait un espace de 520 kilomètres ; l'armée allemande occuperait un espace de 510 kilomètres ; l'armée austro-hongroise, un espace de 460 kilomètres ; l'armée italienne, un espace de 230 kilomètres.

« L'Europe représente en somme un vaste camp, et chaque Européen passe une partie de son existence à la caserne. On compte en France un soldat sur 9 habitants ; en Allemagne, un soldat sur 12 habitants ou sur 9 hommes ; en Autriche-Hongrie, sur 11 habitants ; en Italie, c'est la septième partie de la population masculine qui est sous les armes. En Russie, on compte un soldat par 40 habitants.

« L'emplacement qui à Paris n'est pas occupé par les bâtisses représente une superficie de 7,802 hectares, c'est-à-dire le quart du même emplacement à Londres. Pour placer les armées permanentes des cinq grandes Puissances, il faudrait avoir une superficie double de l'emplacement libre de la ville de Londres, ou bien huit fois plus grand que le même emplacement à Paris. Si aux armées permanentes on ajoute les réserves, on devrait avoir un emplacement trois fois plus grand que celui de Londres et douze fois plus grand que celui de Paris. Les forces armées réunies des cinq grandes Puissances continentales, au cas où elles devraient être passées en revue, devraient être disposées sur un emplacement vingt fois plus grand que celui occupé par la ville de Paris.

« Actuellement on compte en Europe 4,250,000 hommes sous les armes. Si une guerre générale éclatait, 16,410,000 hommes seraient mobilisés et avec les réserves on aurait 34 millions d'hommes. A supposer que cette armée colossale dût être rangée en colonne, il faudrait une ligne aussi étendue que celle entre Madrid et Saint-Pétersbourg. On aurait un soldat sur 10 habitants ou sur 5 hommes.

« En Asie on compte 500,000 hommes de troupes en temps de paix, non compris les petits États. Le chiffre de l'armée chinoise ne saurait être établi ; on a prétendu qu'elle pourrait s'élever à 1,200,000 hommes, mais il n'y a rien de certain à cet égard. Beaucoup de soldats chinois n'ont que des arcs et des flèches. L'organisation militaire du Japon, en revanche, est excellente. En Afrique, le chiffre des combattants indigènes ne dépasse pas 250,000 hommes.

« Les forces militaires du Nouveau-Monde sont assez restreintes si on les compare à celles de l'Europe. Le Mexique peut mettre sur pied 120,000 hommes; le Brésil 28,000 hommes auxquels il faut ajouter 20,000 gendarmes. Les États-Unis ont une armée permanente de 25,000 hommes; le chiffre des combattants en cas de guerre peut être considérablement étendu. La république Argentine compte 120,000 soldats, le Canada a 2,000 hommes de troupes anglaises, 1,000 Canadiens et 35,000 hommes de milice.

« On compte dans le monde entier environ 5,250,000 hommes constamment sous les armes.

« Les dépenses d'entretien de ces armées colossales se présentent comme suit : la Russie, 772,500,000 fr. ; l'Allemagne 675 millions de francs ; la France 650 millions ; l'Autriche-Hongrie 332,500,000 francs ; l'Italie 267,250,000 francs ; la Grande-Bretagne 450 millions de francs ; les six États pris ensemble dépensent un total de quatre milliards 230 millions de francs. L'entretien du soldat russe revient le meilleur marché, il coûte 772 fr. 50 ; celui du soldat allemand 1162 fr. 50 ; celui du soldat austro-hongrois 1,175 fr. ; italien, 1,535 fr. ; français 1,633 fr. ; anglais 2,045 fr. Chaque habitant de la Russie supporte 6 fr. de dépenses militaires; en Allemagne 13 fr. ; en Autriche-Hongrie 10 fr. ; en Italie environ 9 fr. ; en France 18 fr. 25 ; en Angleterre 12 fr. Le budget militaire du Danemark ne dépasse pas, il est vrai, 5,750,000 fr., mais cette somme est très considérable pour ce pays. Si les pays d'Europe voient constamment s'accroître leurs dettes, cela tient à l'augmentation constante des dépenses militaires.

« On peut se rendre compte par là de ce que coûterait une grande guerre éventuelle. La dernière guerre entre la Chine et le Japon a englouti un milliard 250 millions de francs. En cas de guerre européenne, les dépenses atteindraient 6 milliards de francs, auxquels il faudrait ajouter les pertes incalculables en hommes et en matériel. L'Allemagne a un fonds de guerre permanent qui se garde à Spandau et qui s'élève à 450 millions de francs ; mais tout naturellement ce ne serait qu'une goutte d'eau dans l'Océan. »

Le *Messager officiel* terminait ainsi son article :

« Des dépenses aussi colossales ne sauraient certainement pas être productives. Elles épuisent les sources de revenus des nations, contribuent à l'augmentation des impôts, paralysent le fonctionnement des organes financiers du pays et arrêtent le développement du bien-être général. Les meilleurs esprits de tous les pays se sont appliqués de tout temps à trouver un moyen d'assurer la paix autrement que par l'accroissement des forces militaires, c'est-à-dire sur les principes du droit et de l'équité, en soumettant les différends entre les nations à l'arbitrage, de manière à mettre fin à cette théorie vraiment barbare qui identifie la civilisation avec les perfectionnements t oujours nouveaux apportés aux moyens de destruction. »

Voici enfin, d'après la *Revue de Statistique* (numéros du 11 et du 18 septembre 1898), les budgets de la guerre et de la marine dans les différents pays du monde.

BUDGETS DE LA GUERRE :

Pays.	Budget de la guerre.	Somme par tête.
ÉTATS D'EUROPE :	En francs.	
Russie (1898)	770,159,432	6.07
Allemagne (1898)	731,478,495	14.00
France (1898)	639,987,987	16.62
Angleterre (1897)	456,750,000	11.47
Autriche (1897)	446,826,031	10.77
Italie (1898)	236,578,283	7.55
Espagne (1897)	198,225,381	11.00
Turquie (1897)	103,263,031	4.30
Hollande (1897)	49,830.561	9.96
Suède et Norvège (1897)	49,211,678	7.05
Belgique (1897)	48,406,375	7.44
Roumanie (1898)	44,470,355	8.08
Portugal (1898)	26,344,440	5.45
Bulgarie (1898)	23,307,613	7.06
Suisse (1897)	23,200,849	7.73
Grèce (1897)	16.345,312	6.72
Serbie (1897)	14,115,398	6.03
Danemark (1898)	13,916,334	6.32
Finlande 1897)	7,997,920	3.10

ÉTATS HORS D'EUROPE :

Inde Anglaise (1897)	404,338,202	2.08
États-Unis (1896)	204,735,375	3.71
Japon (1897)	120,584,605	2.80
Chine [1] (1897)	61,500,000	0.47
Brésil (1897)	52,374,026	3.08
République Argentine (1897)	26,529,664	6.03
Chili (1897)	24,174,191	0.90
Égypte (1897)	12,457,252	1.48
Guatemala (1897)	10,480,860	7.70
Canada (1897)	8,348,640	1.66
Le Cap (1897)	4,753,350	2.64
Corée (1897)	2,497,072	0.35

BUDGETS DE LA MARINE

Pays.	Budget de la marine.	Somme par tête d'habit.
	En francs.	
ÉTATS D'EUROPE :		
Angleterre (1897)	554,250,000	13.92
France (1898)	286,956,946	7.45
Allemagne (1898)	182,516,844	3.49
Russie (1898)	178,800,000	1.41
Italie (1898)	101,174,846	3.23
Espagne (1897)	94,619,619	5.25
Autriche-Hongrie (1897)	42,353,150	1.02
Hollande (1897)	32,725,463	6.54
Portugal (1897)	18,122,989	3.77
Suède et Norvège (1897)	15,745,141	2.25
Turquie (1897)	12,562,807	0.52
Danemark (1898)	9,134,254	4.15
Grèce (1897)	7,000,487	2.88

[1] D'après les évaluations du consul d'Angleterre à Shanghaï.

ÉTATS HORS D'EUROPE :

États-Unis (1896).	137,773,665	1.93
Chine (1897).	42,000,000	0.12
Japon (1897.	39,154,020	0.91
Brésil (1897).	26,873,358	1.58
République Argentine (1897).	18,481,172	4.62
Chili (1897).	16,150,222	5.03
Inde Anglaise (1897).	1,761,175	0.06

La note du Tsar, disions-nous dans le *Journal des Économistes* (numéro du 15 septembre 1898), cette note qui semble rédigée par un disciple de Cobden, a causé, il faut bien le dire, une surprise plutôt désagréable dans le monde politique de l'Europe. On n'a pas manqué de couvrir de fleurs le noble souverain qui l'a inspirée, on s'est accordé de toutes parts à louer ses intentions généreuses, mais non sans lui faire entendre qu'il s'abandonnait à une pure utopie. A cela on pourrait répondre que l'utopie consiste à croire que les nations de l'Europe pourront continuer indéfiniment à supporter sans faiblir le poids croissant des armements et des impôts non moins croissants qu'ils exigent; que les classes ouvrières qui paient intégralement l'impôt du sang tandis que la classe dirigeante en est exempte pour les deux tiers, ne se révoltera pas quelque jour contre cette monstrueuse inégalité; bref, que le militarisme ne conduira point par le chemin le plus court au socialisme. Mais les professionnels de la politique n'ont pas la vue si longue, et voilà pourquoi ils traitent volontiers de chimères tout ce qui dépasse les bornes étroites de leur horizon.

Nous ignorons ce qu'il adviendra de la généreuse initiative que vient de prendre le Tsar, et nous n'avons, d'ailleurs, qu'une faible confiance dans le succès d'une conférence, dont les membres seront, selon toute apparence, pris dans le personnel politique et diplomatique, auquel l'état de paix succédant à un état de guerre latent, ferait perdre la plus grande partie de son importance. Mais quoi qu'il arrive, la question du désarmement se trouve maintenant posée devant le monde civilisé, et elle restera à l'ordre du jour jusqu'à ce qu'elle soit résolue.

Rappelons à ce propos que c'est à l'initiative de l'impératrice Catherine II qu'est due la constitution de la « Ligue des neutres », qui a déterminé un progrès décisif du droit des gens, en faisant prévaloir la maxime « que le pavillon couvre la marchandise. » Rappelons encore qu'un autre prédécesseur de Nicolas II, l'empereur Alexandre Ier, a été le promoteur de la Sainte Alliance, à laquelle l'Europe a été redevable de trente ans de paix. Pourquoi ne reconstituerait-on pas, sur une base plus large, en y faisant entrer les petits États, cette société d'assurance contre la guerre ?

Note B. — Les syndicats ou « trusts » restrictifs de la concurrence.

Le *Journal of Commerce* de New-York évaluait dernièrement à 3,500,000,000 de dollars, soit à la moitié environ du capital industriel des États-Unis, les capitaux des industries engagés dans les trusts. MM. Johanez (*Autour du monde milliardaire américain*) et Paul de Rousiers (*Les industries monopolisées (trusts) aux États-Unis*) s'accordent à attribuer principalement au tarif protectionniste la création et la multiplication de ces monopoles.

« Un défenseur des trusts, M. Gunton (*Economic and social aspects of the trusts*), dit M. Paul de Rousiers, a soutenu avec talent et ingéniosité que les *trusts* ne détruisaient pas la concurrence *potentielle*, c'est-à-dire la possibilité de la concurrence. Si quelqu'un est en mesure de livrer au public américain de meilleur pétrole à meilleur marché que le *Standard oil*, personne ne l'en empêche. Mais cette concurrence *potentielle* elle-même est entravée par le tarif douanier. Le marché américain lui est fermé. Beaucoup de raffineurs seraient en mesure de livrer à la clientèle américaine de meilleur sucre à meilleur marché que le *Sugar trust*, mais le tarif les en empêche. La protection va plus loin ; elle ne ferme pas le marché seulement aux produits semblables à ceux qu'elle protège, mais encore à tous ceux qui pourraient leur faire concurrence indirectement. Que demain on découvre un mode d'éclairage encore moins coûteux que le pétrole, *la Standard oil C°* sera menacée ; mais qu'on trouve une substance remplaçant le sucre dans l'alimentation, cette substance pourra être de suite frappée d'un droit protecteur. C'est ce qui a lieu tous les jours dans les pays protectionnistes : pour protéger l'huile de Provence, on frappe l'arachide ; pour protéger le beurre de Bretagne ou de Normandie, on frappe la margarine, etc.

« ... Il reste vrai que les trusts n'ont pas la possibilité d'imposer à la consommation des prix très supérieurs à ceux que la concurrence déterminerait si elle régnait sur le marché fermé par les tarifs où opèrent ordinairement les *trusts*. »

Voici, d'après M. de Rousiers, quels seraient les remèdes aux *trusts* :

« Du moment, dit-il, que les *trusts* ne sont pas le résultat des seules forces économiques naturelles, du moment que des éléments artificiels sont nécessaires à leur création, la méthode la plus efficace que l'on puisse employer pour les atteindre consiste simplement à diminuer autant que possible le nombre et la force de ces éléments artificiels. De plus, on est puissant contre des mesures artificielles, on est toujours impuissant contre des forces naturelles, en sorte que non-seulement il est plus efficace mais qu'il est aussi plus facile de s'en prendre à l'artifice qu'à la nature.

« Les Américains ont suivi jusqu'ici la méthode directement contraire. Ils s'en sont pris aux forces économiques qui poussent l'industrie à la concentration et les ont attaquées par des *anti trusts laws*, c'est-à-dire par une série de mesures essentiellement artificielles : défense à deux compagnies concurrentes de se lier ensemble par entente ; défense aux différentes lignes de chemins de fer de conclure un accord au sujet de leurs tarifs, etc., etc. On sait le résultat pitoyable qu'elles ont atteint. Elles ont brutalement entravé des initiatives fécondes et n'ont pas garanti le public contre les *trusts* d'industrie privée. Les cours américaines en sont venues à les déclarer complètement inefficaces (*intirely unserviceable*) ; c'est qu'en effet elles ne vont pas à la racine du mal, elles augmentent le nombre des conditions artificielles au lieu de les diminuer, elles règlementent et compliquent ce qui demande à être débarrassé d'entraves et simplifié.

« Elles n'ont même pas empêché les *trusts* de services publics qui réclament une réglementation (?), elles ne les ont pas distingués des autres, elles ont aggravé encore la confusion des intérêts privés et des intérêts publics.

« Les *trusts* de services publics disparaîtront complètement le jour où les pouvoirs publics américains seront parvenus à reprendre leur contrôle normal sur les intérêts dont ils ont la charge.

« Les *trusts* de l'industrie privée seront réduits à une ou deux exceptions le jour où les pouvoirs publics américains se seront décidés en outre à ne pas intervenir abusivement, notamment par des tarifs, sur le terrain économique.

« On verra alors clairement aux États-Unis, comme cela se voit en Angleterre, que la concentration industrielle n'est pas une menace pour la concurrence. »

Note C. — Les effets du progrès industriel sur le débouché de la production.

Dans un article du *Forum* [1], M. W. T. Harris, commissaire de l'éducation aux États-Unis, se pose la question : Y a-t-il du travail pour tous ? Il met sous les yeux du lecteur des statistiques montrant, pour les États-Unis, le déplacement qui s'est opéré depuis une vingtaine d'années dans les différents ordres d'occupation. Le tableau suivant, par exemple, présente la proportion par mille, de personnes qui s'adonnent à l'agriculture, aux professions libérales, etc., en 1870, 1880, 1890 :

[1] Avril 1898.

	1870	1880	1890
1re Classe, agriculture, pêche. . . .	491,1	460,3	306,5
2e Classe, professions libérales, etc.	29,3	34,6	41,5
3e Classe, service personnel. . . .	184,8	201,4	191,8
4e Classe, manufactures.	106,2	196,3	223,9
5e Classe, métiers, commerce. . .	98,3	107,3	146,3

On remarque qu'environ 100 personnes sur 1,000 ont abandonné la première classe (occupations primitives) pour les autres, dans la proportion suivante : 7 p. 100 en faveur du service personnel, 12 p. 100 pour les professions, 27,7 p. 100 pour les manufactures, et 48 p. 100 pour les métiers ou le commerce. Et les produits agricoles continuent à dépasser les besoins de la consommation nationale, par suite des perfectionnements apportés aux méthodes de culture et à l'outillage. La conclusion de M. Harris est que, à supposer que les machines en arrivassent à diminuer de telle sorte le travail manuel (*the drudgery*), qu'une personne sur 100 fût à même de fournir l'habillement, le vivre et le couvert aux 99 autres, chacune de ces dernières trouverait encore de l'ouvrage dans une autre classe, dans une catégorie plus élevée d'occupation. Songez donc ! Depuis 1870, la proportion des journalistes, par million, a augmenté de 424 à 963, celle des photographes de 608 à 880 ; celle des accordeurs de piano dans les mêmes conditions. Voilà qui est rassurant !

(ROUXEL. Revue critique des principales publications économiques. *Journal des Économistes*).

Note D. — Ce que coûte et ce que rapporte le colonianisme d'État.

C'est dans l'intérêt prétendu de l'industrie et du commerce, auxquels ils veulent ouvrir de nouveaux débouchés, que la plupart des gouvernements de l'Europe ont entrepris la conquête des régions occupées par les races dites inférieures. Leur intention est louable sans doute. Seulement, il s'agit de savoir ce que valent ces nouveaux débouchés et ce qu'ils coûtent. Si l'on examine à ce point de vue le bilan des conquêtes coloniales, on s'expliquera parfaitement qu'elles aient ruiné l'Espagne et qu'elles ne contribuent pas aujourd'hui à améliorer les finances et à accroître la richesse des États conquérants et colonisateurs. Que dirait-on d'un industriel ou d'un négociant qui dépenserait chaque année 100,000 francs en frais de commis-voyageurs, de circulaires et de réclames pour placer 100,000 francs de marchandises ? On dirait qu'il n'a pas la tête bien saine et on conseillerait à sa famille de le faire interdire ou tout au moins de l'obliger à renoncer au commerce. C'est pourtant à une opération de ce genre que se livre notre État colonisateur. Quelques chiffres, que nous empruntons à un article de M. Paul Louis, dans l'*Indépendance belge,* donneront une idée de la croissance de notre budget colonial :

« En 1820, il est de 5 millions, puis de 7 en 1830, de 20 en 1850, de 21 en 1860, de 26 en 1870 ; nous le trouvons à 32 en 1880, à la veille des grandes expéditions d'Asie et d'Afrique ; en 1890, il dépasse 59 ; le Soudan, le Dahomey, Madagascar, vont encore le porter presque au double. La somme de 86 millions est effleurée en 1892 ; si l'on retombe en 1896 à 89, la réduction n'est qu'apparente et fictive, et les crédits supplémentaires votés en fin d'année élèvent le chiffre à plus de 100 ; en réalité, le coût est de 102 millions en 1897, et si les prévisions ont été et sont respectivement de 81 et de 86, pour 1898 et 1899, elles seront très largement excédées. »

Bref, les frais de gouvernement des colonies, l'Algérie non comprise, à la charge de la métropole, dépassent actuellement 100 millions. Or, c'est précisément à ce chiffre de 100 millions que s'élèvent les exportations de la France dans ses colonies. Notez qu'il faudrait ajouter encore aux frais de gouvernement les frais de conquête et de premier établissement.

« Le travail a été fait déjà pour certaines d'entre elles et non des moins importantes, lisons-nous dans le même article, mais il n'a été que partiel. La Cochinchine, dans la seule période de conquête, a absorbé 284 millions, le Tonkin, 269 ; le Soudan, depuis 1881, a dévoré, au moins, 200 millions, et Madagascar, tout près de 150 ; on peut encore inscrire le Dahomey pour 70 ou 75, depuis 1892, et si l'on s'étonne de ces chiffres, en présence des totaux annuels de nos budgets des colonies, il suffit de se rappeler que ces totaux ne contiennent pas tout ; c'est ainsi que l'année même de l'expédition, Madagascar a entraîné une dépense de 75 à 80 millions, qui n'a pas figuré au compte régulier.

« En résumé, depuis qu'elle s'est jetée dans les grandes conquêtes extérieures, la Troisième République a consacré à la colonisation militaire environ 1 milliard 1/2. On discutera peut-être le chiffre, mais il nous paraît plutôt au-dessous de la vérité. »

Déjà l'Algérie avait coûté plus de 4 milliards, et on n'ignore pas qu'elle réclame tous les ans de 20 à 30 millions à la métropole pour boucler son budget. Ce n'est pas tout. Les protectionnistes ayant réussi à faire appliquer aux colonies les tarifs de la métropole, les nations étrangères, et l'Angleterre en particulier, qui trouvaient auparavant dans l'Indo-Chine, à Madagascar et ailleurs un débouché en voie de développement, ont vu se fermer brusquement ce débouché ; il en est résulté chez elles un sentiment fort naturel d'hostilité qui a déjà aggravé sinon occasionné l'incident de Fachoda, et qui ne manquera pas de provoquer, en attendant pire, un accroissement de nos budgets de la Guerre et de la Marine. On voit donc que le débouché colonial est acheté à un prix abusif et on peut se demander si la somme qu'il ajoute aux prix de revient de la production n'enlève pas à l'industrie française sur les marchés de concurrence un débouché supérieur à celui que lui procure le marché réservé des colonies. A la vérité, si la France exporte peu de produits et encore moins de colons dans ses colonies, elle y exporte un bon nombre de fonctionnaires. Le rapporteur du budget des colonies au Sénat en a fait le relevé en le comparant à celui des colons.

Dans l'Annam-Tonkin, il a relevé 1,396 fonctionnaires contre 447 colons ; en Cochinchine, 1,966 fonctionnaires contre 262 colons ; au Sénégal, 521 fonctionnaires contre 367 colons ; sur la côte d'Ivoire, 111 fonctionnaires contre 52 colons ; au Congo, 254 fonctionnaires contre 20 colons.

En dernière analyse, on arrive à cette conclusion que le colonialisme, tel que le comprend et le pratique l'État, n'est autre chose qu'une branche du protectionnisme appliqué à l'industrie des fonctionnaires aux dépens de toutes les autres.

Les colonisateurs étatistes prétendent toutefois que si l'extension de son domaine colonial impose actuellement une lourde charge à la nation, c'est au profit de sa grandeur et de sa richesse à venir. Ils citent volontiers à l'appui l'exemple de l'Angleterre, en affirmant qu'elle est principalement redevable de sa prospérité et de sa puissance à ses colonies. C'est peut-être l'opinion de M. Chamberlain et des impérialistes, partisans de la plus grande Angleterre, *Greater Britain,* ce n'est pas l'avis des *free traders.* Dans un article de la *Contemporary Review,* un membre éminent du Cobden Club, lord Farrer, a réduit à ses justes et modestes propositions le débouché que les colonies procurent à l'industrie britannique. Sur un chiffre total de 643,000,000 liv. sterl. en 1895, le commerce de l'Angleterre avec ses colonies ne comptait que pour 166,000,000 liv. sterl., soit pour 25,8 p. 100, un quart seulement. Or, il faut remarquer que la plus grande partie de ce commerce se fait avec des colonies, ou des possessions, telles que l'Australie, la Nouvelle-Zélande, le Cap, l'Inde, qui n'accordent aucun droit de faveur aux produits de la métropole (le Canada seul fait depuis l'année dernière exception à cette règle) ; en sorte qu'en admettant que l'Angleterre vînt à perdre son empire colonial, son commerce avec les vastes régions qui y sont comprises ne subirait, selon toute probabilité, aucune diminution. Cette perte pourrait être sensible à l'orgueil des jingoïstes, mais, loin de nuire à l'industrie anglaise, elle lui serait plutôt avantageuse, en lui procurant une économie notable de frais de production. Ce n'est pas que le budget colonial de l'Angleterre soit fort élevé ; il ne dépasse guère la moitié de celui de la France, 62 1/2 millions ; mais il faut y ajouter l'énorme appoint des budgets de la guerre et de la marine, que nécessite la défense de cet empire, qui s'étend sur tous les points du globe. Ces frais de conservation des colonies augmentent d'autant les prix de revient de tous les produits de l'industrie britannique, et la rendent, par conséquent, moins capable de soutenir la concurrence de ses rivales, non-seulement sur les marchés étrangers, mais en Angleterre même.

Le militarisme, le protectionnisme, l'étatisme, le colonialisme tiennent, en ce moment, le haut du pavé, mais leurs excès mêmes ne manqueront pas de hâter leur chute.

(*Journal des Économistes*. Revue de l'année 1898).

Note E. — Le concept économique et les concepts socialistes de la société future.

L'organisation politique et économique des sociétés du passé était adaptée au degré de développement mental de leurs membres, aux risques de destruction qui pesaient sur elles, à l'état embryonnaire de la production, en un mot, à l'ensemble de leurs conditions d'existence. Ces conditions ont été, surtout depuis un siècle, profondément modifiées par les progrès qui ont transformé les arts de la production et de la destruction. D'où il est résulté que l'organisation politique et économique adaptée à l'ancien état des sociétés a cessé de l'être au nouveau. Ce défaut d'adaptation, en engendrant une crise dont la multitude qui vit du produit de son travail quotidien a subi particulièrement les atteintes douloureuses, peut être considéré comme la cause déterminante du mouvement socialiste. Il a fait éclore les systèmes de réorganisation sociale des Saint-Simon, des Fourier, des Karl Marx et d'une foule de *Dii minores*. Mais tous ces systèmes ont un vice qui leur est commun, c'est de ne tenir aucun compte des lois naturelles qui ont déterminé dans le passé l'organisation des sociétés et ne cesseront pas de la déterminer dans l'avenir. Peut-être n'offriraient-ils aucun danger si leurs auteurs et leurs propagateurs se bornaient à employer la persuasion pour les faire accepter ; mais ils prétendent les imposer, en s'emparant préalablement, — les plus ardents, par des moyens révolutionnaires, les plus modérés ou les plus timides, par des moyens légaux, — du pouvoir souverain investi dans le gouvernement. C'est le gouvernement qui se chargera de refaire la société, en brisant toutes les résistances.

Sans nier les maux, les désordres et l'instabilité dont cette crise du progrès a été la source et en cherchant les moyens d'y remédier, les économistes ont dû lutter en même temps contre l'invasion des fausses doctrines du socialisme. Cette lutte n'a été inutile ni aux uns ni aux autres. Les économistes ont étudié de plus près les maux qui affligent « la classe la plus nombreuse et la plus pauvre » pour nous servir de l'expression de Saint-Simon, et ils se sont appliqués à les ramener à leurs véritables causes. Les socialistes, de leur côté, après avoir commencé par faire table rase de l'économie politique et même de toutes les sciences morales, ont fini par comprendre la nécessité de les étudier. Tout en apportant dans cette étude des habitudes d'esprit médiocrement scientifiques, ils ont dégagé cependant le socialisme de quelques-unes de ses erreurs les plus grossières, et chez un certain nombre d'entre eux, l'idée primitive de charger l'État de reconstituer et même d'absorber la société a perdu de son crédit. Qui sait donc si une étude plus approfondie et plus complète des lois naturelles qui gouvernent l'activité humaine ne rapprochera pas peu à peu de l'économie politique l'élite dirigeante du socialisme ?

L'auteur de ce livre avait eu, il y a déjà un demi-siècle, la pensée de ce rapprochement, et il adressait aux socialistes sincères, l'appel qu'on va lire :

« Nous sommes adversaires, et cependant le but que nous poursuivons les uns et les autres est le même. Quel est notre idéal à tous, économistes ou socialistes ? N'est-ce pas une société où la production de tous les biens nécessaires à l'entretien et à l'embellissement de l'existence humaine sera la plus abondante, et où la répartition de ces mêmes biens entre ceux qui les auront créés par leur travail sera la plus juste ? Notre idéal à tous, sans distinction d'écoles, ne se résume-t-il pas en ces deux mots : *abondance et justice ?* »

« Tel est, nul d'entre vous ne le niera, notre but commun. Seulement nous allons à ce but par des voies différentes ; vous y marchez par le défilé obscur et jusqu'à cette heure inexploré de l'organisation du travail, nous y marchons par la route spacieuse et bien connue de la liberté. Chacun de nous essaie d'entraîner sur ses traces la société qui hésite et tâtonne, cherchant à l'horizon, mais en vain, la colonne de lumière qui guida jadis vers la Terre promise les esclaves des Pharaons.

« Pourquoi refusez-vous de suivre avec nous la voie de la liberté ? Parce que, dites-vous, cette liberté tant préconisée est funeste aux travailleurs ; parce qu'elle n'a produit jusqu'à ce jour que l'oppression du faible par le fort ; parce qu'elle a enfanté des crises désastreuses où des millions d'hommes ont laissé les uns leur fortune, les autres leur vie ; parce que la liberté sans frein, sans limites, c'est l'anarchie !

« Eh ! bien, si nous vous prouvions que tous les maux que vous attribuez à la liberté, ou, pour me servir d'une expression absolument équivalente, à la libre concurrence, ont pour origine, non pas la liberté, mais le monopole, mais la servitude ; si nous vous prouvions encore qu'une société parfaitement libre, une société débarrassée de toute restriction, de toute entrave, ce qui ne s'est vu à aucune époque, se trouverait exempte de la plupart des misères du régime actuel ; que l'organisation d'une semblable société serait la plus juste, la meilleure, la plus favorable au développement de la production et à l'égalité de la répartition des richesses ; si nous vous prouvions cela, dis-je, que feriez-vous ? continueriez-vous à proscrire la liberté du travail et à invectiver l'économie politique, ou bien vous rallieriez-vous franchement à notre drapeau, et emploieriez-vous tout le précieux trésor de forces intellectuelles et morales que la nature vous a départies, à faire triompher notre cause, désormais commune, la cause de la liberté ?

« Ah ! certes, vous n'hésiteriez pas un instant. Si vous aviez la certitude que vous vous êtes mépris sur la cause véritable des maux qui affligent la société et sur les moyens d'y remédier ; si vous aviez la certitnde que la vérité est de notre côté et non du vôtre, aucune attache de vanité, d'ambition ou d'esprit de système ne serait assez forte pour vous retenir sur les rivages de l'erreur : vos âmes seraient attristées sans doute ; vous diriez à regret un dernier adieu aux rêves qui ont nourri, enchanté et égaré vos imaginations ; mais enfin vous les abandonneriez, ces chimères aimées, vous surmonteriez vos répugnances et vous viendriez à nous. Eh ! mon Dieu, nous en ferions autant de notre côté, si vous réussissiez à introduire dans nos faibles intelligences un rayon de cette lumière de vérité qui convertit saint Paul ; si vous nous démontriez que la vérité est dans le socialisme et non dans l'économie politique. Nous ne tenons à notre système qu'autant que nous le croyons juste et vrai; nous brûlerions demain, sans aucune révolte intérieure, ce que nous avons adoré, et nous adorerions ce que nous avons brûlé, s'il nous était prouvé que nos Dieux ne sont que des misérables idoles de bois.

« Nous sommes donc les uns et les autres dégagés de tout esprit de système, en prenant ce mot dans son acception étroite; notre vue se porte dans une sphère plus haute, nos pensées suivent un vol plus généreux; le vrai, le juste, l'utile, voilà quels sont nos guides immortels dans les cercles obscurs de la science; l'humanité, voilà quelle est notre Béatrix.....[1]. »

Cet appel qui porte, d'ailleurs, l'empreinte de la naïveté confiante de la jeunesse, était, comme l'événement l'a prouvé, tout à fait prématuré. Il n'a pas été entendu, mais il est permis d'espérer qu'il le sera quelque jour, et que le socialisme, en apportant aux économistes son contingent de forces, les aidera à surmonter les résistances des intérêts égoïstes et aveugles, qui se mettent en travers de la transformation nécessaire d'une organisation politique et économique qui a cessé d'être adaptée aux conditions actuelles d'existence des sociétés.

[1] *L'Utopie de la liberté.* Lettre aux socialistes. *Journal des Économistes*, n° du 15 juin 1848.

FIN

BIBLIOTHÈQUE NATIONALE — R.F. — IMPRIMÉS

TABLE DES MATIÈRES

espeui 8

BIBLIOTHÈQUE NATIONALE R.F. IMPRIMÉS

SAINT-DENIS. — IMPR. H. BOUILLANT, 20, RUE DE PARIS. — 11,973.

Documents manquants (pages, cahiers...)

NF Z 43-120-13

BIBLIOTHÈQUE
NATIONALE
DE FRANCE

* * * *

CHATEAU
DE
SABLÉ
1998

www.ingramcontent.com/pod-product-compliance
Ingram Content Group UK Ltd.
Pitfield, Milton Keynes, MK11 3LW, UK
UKHW022202120726
13694UKWH00002B/376